领导力是怎样炼成的

伟宸◎编著

时事出版社
北京

图书在版编目（CIP）数据

领导力是怎样炼成的 / 伟宸编著 .—北京：时事出版社，2019.11（2024.2 重印）

ISBN 978-7-5195-0329-1

Ⅰ.①领…　Ⅱ.①伟…　Ⅲ.①领导学　Ⅳ.C933

中国版本图书馆 CIP 数据核字（2019）第 152751 号

出 版 发 行：时事出版社
地　　　址：北京市海淀区彰化路 138 号西荣阁 B 座 G2 层
邮　　　编：100097
发 行 热 线：（010）88869831　88869832
传　　　真：（010）88869875
电 子 邮 箱：shishichubanshe@sina.com
网　　　址：www.shishishe.com
印　　　刷：河北省三河市天润建兴印务有限公司

开本：670×960　1/16　印张：16　字数：225 千字
2019 年 11 月第 1 版　2024 年 2 月第 2 次印刷
定价：46.00 元
（如有印装质量问题，请与本社发行部联系调换）

前言

被授予福布斯终身成就奖的马云说过：企业家必须建立“新三观”——全局观、未来观、全球观。他讲道，“全局观就是生态观，让我们企业内部的生态链上下左右都满意，要让客户满意，要让员工满意，要让合作伙伴满意，要让政府满意，甚至要让竞争对手也会因为跟你竞争而赢得对你的尊敬”。

很多人都在问：“领导者与员工除了职能之外，区别在哪里？”

全局观就是最佳的答案。

普通员工是固定在某一岗位上，专注于具体事务，而领导者需要面对的是全局。在专业领域做出杰出贡献的员工是值得称颂的，但沉溺于具体事务，忽略对全局影响的领导者，必然是失败的。领导者是把握企业航向的主导者，是连接各个部门的桥梁，他的目光必须是放眼于全公司、全行业，甚至是全球的，他的决策受益面不能局限于某个人、某个部门，而必须是企业及其全体成员。领导者是团队的榜样，他的一言一行决定着团队的执行力与精神气象，激发团队所有成员参与到企业事务中是领导者的职责所在。这些无不考验着领导者对大局的考量，对全局的把控。

领导者具备整体意识，从全局出发，考量各方利益，是构建企业健康发展态势的基础。企业是一盘棋，领导者对任意一处疏忽考虑，都有可能功亏一篑。为了培养领导者的全局观，本书从管理自我（从员工到领导者的角色转型）、管理精髓（团队、关系、会议的管理）、领导层级（各层级人才继任与工作任务）、实例与法则（管理工作的实际应用）四个维度出发，帮助读者以领导者的视角重新定位自己，了解各层级管理及任务情况，提升领导力水平，深化领导者素质，最大限度激发非职权影响力，在实际管理工作中，真正做到整合思维、统御全局。

目录

第一部分 管理自我

第二部分 管理精髓

第三章 最大限度地发挥团队效能

第四章 建立非职权影响力

第五章 组织目的明确的高效率会议

第三部分 领导层级

第六章 初级管理层级：团队主管

第四部分 实例与法则

第十章 如何在中小型合伙企业做领导

第十一章 如何在大型上市公司做领导

第十二章 如何在非营利性机构做领导

第一部分

管理自我

大部分人都清楚领导者的职能，也清楚领导者的日常工作内容和计划安排，但这并不能证明每个人都能当好领导。

领导者在任何时候都是金字塔的顶端，要成为一名优秀的领导者，首先要做到对大局发展有清醒的认识；其次，要善于自我管理，以身作则，成为员工学习的榜样；最后，他必须是一个对自己和公司发展有高定位的人。

第一章
从普通员工向领导者转型

领导者上任后的首要任务并非是大刀阔斧地制定团队规则，而应该是转变自己固有的工作理念与方法，以领导者视角重新定位自己，实现从普通员工到领导者的转型。

以领导者视角重新定位

杰伊是一位刚刚到任的公司经理，他亲身经历了由普通职工到管理者的演变。当他刚得到管理者职位的时候，根本不懂得如何去做管理，于是他向商学院的一位教授咨询：在成为一名管理者后，他与过去的差别到底在哪里；在实际的管理工作中应该注意哪些事项；假如照搬过去的习惯，能否行事顺利。

教授认真听取了杰伊的问题后，先为他讲了一个小故事：

大家平时都烧水喝，为什么日常生活中烧水，无论锅里的水有多沸腾也不会漫过锅盖呢？原因很简单，锅盖的位置比水位要高得多，它处在一个更优越的位置上。同理，领导者就像锅盖一样，处在高于普通员工的位置，接触的信息更为广泛，当然定位就要高于普通员工。并且，领导者对自身和公司的定位，决定了他看待问题的角度和处理问题的方式。定位越高，可供发挥的潜力越大；定位过低，发挥的潜力就容易受到限制。打个比方，假如你对领导能力的定位是 5 分，那么你的办事能力不会超过 4 分；如果你的领导能力定位只有 4 分，那么办事能力差不多只能达到 3 分。

教授给杰伊讲完故事后，给了他一些建议，最重要的还是告诫他一定要对自己和公司保有高定位，既然是领导者，就必须有高出一般员工的视野和雄心。

杰伊听从了教授的建议，开始着手为自己制定比以前更高的目标，并很快就在新的岗位上做出了卓越的成就。

领导者对自己和企业的预期定位会影响其管理能力和公司的发展程度。领导者首先要给自己一个高定位，只有定位上去了，才能出现与之匹配的领导思维与行为，企业目标的完成才能更加理想。特别是对刚刚到任的领导新人而言，昨天还只是一个普通的技术人员，或是精通某方面的专业人士，在自己熟悉的领域中，明白大部分问题的答案，遇到问题也知道该怎么解决；今天角色任务发生了变化，接触的问题也都是全新的，如果还是以过去的眼光处理新职位上遇到的问题，必然会导致企业和自身发展的局限。

进行积极的自我调适

前面提到的杰伊，是全公司最有才华的技术骨干，而他的前任领导由于不懂得调节个人和公司的关系，在指定任务和安排任务时，经常达不到理想的效果。因此，杰伊的上任会让大家有所期待。作为领导新人，他能否有效地自我调适，对员工和企业的发展都会产生影响。

虽然每个人都是独一无二的个体，但值得庆幸的是，领导者在自我管理方面，仍有一些通用原则和任务存在。

1. 合理安排时间

（1）严格遵守自己的指定期限

领导者通常会陷入一个误区：随着时间的推移不断延长自己的工作时间。

这种状况会出现的原因在于，尽管自己已成为领导者，可还是习惯于像刚步入社会的职场新人一样，把学习新知识的态度当成真理。然而一段时间过后，他们会发觉虽然自己每天的工作时间都在延长，取得的成效却少得可怜，往往是工作时间与完成情况成反比。既然如此，还不如减少自己的工作时间，同时提升工作效率来得好。可能在某些时候，你不免会这样想：自己是管理者，别人应该会希望自己工作到很晚来做表率吧？假如你曾这样想，那你一定要多加小心，防止自己陷入这个误区当中。

（2）对日常工作合理安排，做到先后有序

或许对大多数人而言，每天上班第一件事就是处理电子邮件。他们认为这绝对是最合理的安排，只要将这些麻烦事处理完，就能专心地去做别的事情。如果你也这样想，那就大错特错了。

相关研究结果表明，世界上 2/3 的人的创造力最佳的时间是早晨。假如你也是这些人中的一员，就不要把这段时间花费在处理电子邮件这类无需太多创意的琐事上。

长期来看，这样的做法只会拉低你的效率。每天早上，当你终于处理完全部电子邮件后，你的创造力也跟着消失不见。这就是说，一天中剩下的时间并不是最适合解决问题或制定决策的。那么，到底什么时候工作效率最低呢？其实是在每天午饭之后。

2. 妥善处理压力

某些时候，人们在承受压力时可能自身不会有所察觉。等到大家真正发现压力存在的时候，它可能已经演变为需要长时间改善的大问题。当巨大的压力袭来时，人们可能会产生不良情绪，可能会生病……这些都会影响到工作能力的发挥。所以，在压力尚未扩大时及时察觉、有效排解是非常重要的。

下面四个条件是判定一个人是否承受压力的重要指标：

（1）想法

可以看看你的想法是不是开始变得消极。比如，感觉有些力不从心，或是常常想起近期遇到的挫折并因此耿耿于怀、心灰意冷，对自己做得好的地方视而不见等。

（2）行动

看看你的行动是不是跟平时大相径庭，比如，总是逃避该做的事情，或是前后矛盾等。

（3）身体状况

看看你的身体是不是发生了变化，比如心跳加快、呼吸加速或者总是出汗。值得注意的是，诸如长暗疮、头皮屑增加等也一样说明你正在承受压力。

（4）情绪

看看你最近的情绪是不是变化多端，比如经常感到恐慌、愤怒、急躁……

在以上情况出现时，向他人求助是相对明智的选择。你可以选择一个非常了解自己的人，让对方每隔两个星期给你反馈情况，让他们观察，你在新的工作岗位上是否适应良好。假如你已经开始显现压力过大的迹象，那么你应该迅速采取应对措施，尝试着在下面三种活动之间找到平衡点：

脑力劳动：读外语、背单词、读诗歌、玩数独……

体力劳动：打羽毛球、打网球、打排球、游泳、跑步……

情绪活动：听音乐、和朋友交谈……

3. 妥善分配任务

任务分配不妥当是领导者常犯的错误之一。对领导者而言，如果想合理分配任务，要注意以下两个重点：

第一个重点，分配任务的关键是培养团队人员"积极行动"的精神，这样能够帮助他们最大限度提升自己的知识水平和专业技能。

如何实现这个目标呢？假如你的下属就某个问题跟你求助，你应当鼓励他们不要只是问，还要说出自己认为合适的解决意见。假如他们实在想不出任何解决办法的话，至少要让他们制定出一个行动方案，再由这个行动方案带领他们找到解决的方法。

第二个重点，在纸上把自己将要分配的任务一一写明，然后再决定这个任务的具体执行人。在确定合适的人选时需要考虑到：哪些成员已经做好了准备；哪些成员需要进一步的锻炼。

4. 妥善沟通

妥善沟通必须做到以下两点：

（1）定期和团队见面沟通

你需要定期和你的某个伙伴、朋友或管理另一领域的同事见面沟通，让他们告诉你，你在沟通方面做得究竟怎么样。因为往往是当局者迷，旁观者清，他们从第三者的角度可以更加全面地反映真实情况，并给予你建议。

（2）及时予以反馈

沟通不仅包括沟通能力，还包括沟通者的意愿。有些时候，别人可能只在乎回复行为本身，根本不去管回复的是什么样的内容。也就是说，人们对沟通态度的看重更甚于沟通技巧。从这一层面上讲，你需要在收到信息后，尽可能及时答复。如果你不能立刻解决提到的问题，作为礼貌，你也要立刻给对方做出回复，告知对方邮件已经收到了。

5. 定期表扬成员，肯定他们的表现

作为领导者，你有很多激励工具可以使用，但实际上，操作最简单、成本最低、收益最理想的只有肯定和表扬这两种方式。就算只是说一句简单的“谢谢”，有时也会起到令人惊奇的效果。平时要注意发现下属的出色表现，并及时做出表扬。如果对方不怕尴尬，可以在公开场合表扬；如果对方害羞内向，可以采取私下肯定的方式。而且，表扬别人也会给自己带来好处——这样做会让你从他人处得到更好的反馈。

6. 集中精力，专注要点

这点具体的操作方法是：明确职能范围内，排在优先处理名单前三的重要事件；如果自己无法确定，可以和上级领导沟通，再保证自己会专注在这些重要的事情上并坚持不懈。

或者，你可以和上级领导就对考核问题的看法进行一次正式的谈话。让你的上级领导按照事件重要程度为你的每项工作给出一个百分比。这些工作内容应当以十为参数。假如你喜欢，基数大于十也可以。在讨论这些工作内容的时候，你应当询问上司“这项工作如此重要的原因是什么”，而对方给你的答案里大多包含着如何提升领导水平的重要信息。这些信息可能没有体现在书面文件中，但反映了他们潜意识中的期望值。

7. 确保自己在生物节律中找到平衡点

尽管每个人的生物节律都是独特的，但人们都需要对脑力劳动、体力劳动和情绪活动这三种活动开展管理，这一点是显然易见的。杰出的运动员是善于管理自身的典型，他们在运动场的表现就能让人们有所感悟。运动心理学的相关研究发现，那些成功的运动员在平衡脑力劳动、体力劳动和情绪活动方面值得称道。而那些高效领导者在生物节律方面也表现得相当出彩。那么，对此尚未了解的领导者到底该如何做好节律控制呢？

前面提到的七条自我管理措施是一个很好的开始——如果你有回顾这些措施的话，你会发现它们实际上涵盖了很多脑力劳动、体力劳动及情绪活动。除此之外，你还要考虑到以下几个重点：

（1）脑力劳动

把定期从事脑力劳动放在首位。比如读一本好书，观赏一场电影，学习一门外语，或者展开某些创造性的爱好，如绘画之类。一定要注意的是，千万不可以心血来潮，坚持不懈才是最重要的。

（2）体力劳动

制订一个运动计划，并且实施这个运动计划，以此保证自己的健康。这个运动计划应当具备一定的难度，但不是要让自己累到虚脱。并且，还要注意自己的饮食。需要再强调一次的是，专注力很重要，耐心与坚持更重要，千万不可半途而废。

（3）情绪活动

和生命中重要的人定期互动——为他们空出时间来。或许我们会经常听到领导对家人说：“这星期没时间，等这个项目结束一个阶段后，就会补偿你。”说这种话的人，其实过后大多不会补偿对方。并且，实际上，在日后看来，当时觉得无比重要的工作其实并没有那么紧急，它也许只是你想要逃避的借口。

在做好节律控制行为时，一定要注意和工作环境之外的人发展新关系。尽管在工作中遇到兴趣相投的朋友是人生的一桩乐事，但能有机会和工作之外的朋友相处也会令你幸福感满分。

8. 寻找工作导师

所谓的“工作导师”，是指你身边需要有一个在人员管理方面非常优秀的领导者。一些杰出的领导者都曾经透露过类似的事实：他们身边都有一个可以完全坦诚以对的人，在遭遇困难的时候，这个人会毫不犹豫地全力以助。

最好的是，你可以和你的工作导师定期碰面，把面临的挑战、问题和能够通过哪些途径学习及实现自身发展的事项都和他沟通、交换意见。不要期待导师能告诉你所有问题的解决办法，但是你可以从他那里得到启发。

给他人留下正面的领导者形象

有个名叫简森的小伙子，看起来聪明开朗、英俊挺拔。和他初次见面的时候，人们的困扰在于——他握手的表现令人感觉非常不舒适，常给人以绵软无力的感觉。当时简森有个领导叫哈莱迪，他是一个观察细致、富有见地的人，他明白给人留下良好的第一印象对领导者来说非常重要。所以在简森刚调来的时候，哈莱迪就把他叫去私下谈话。

这次谈话的内容大概如下：

简森，你是一个有前途的年轻人，你懂得表现自己，这些大家都看在眼里。但是，如果你做出一些改进会更加优秀，比如握手这件事。大部分人在第一次见面的时候，就会在心里给对方打了分数。他们打分的依据之一就是握手。希望你以后和别人握手时表现得更坚定可靠。有个建议希望你能考虑一下，从现在起，每天早晨都来这个办公室打招呼，然后握个手。坚持下去，直到别人对你的看法大有改观为止。

多年之后，从前的同事在街上遇到简森。由于大家曾经共事过，他们以热情地握手、拥抱来跟对方打招呼，结果这位同事觉得简森差点把自己的胳膊卸下来。很明显，简森这些年都没有放松过自己需要练习握手的要求，或者哈莱迪忘记提醒他具体做到什么程度。虽然这位同事也不清楚实际原因，但是简森的改变是非常明显的。

经过一番谈话，这位同事了解到简森已经晋升到部门经理的职位。显而易见的是，谁也无法确定简森今天所取得的成就和他给别人的第一印象的改变之间有什么必然联系。假如他的握手还是不够坚定可靠，他还能取得现在的成就吗？谁也说不准。但是，一个人的形象确实会在某种程度上左右别人的看法，至少从短时间来看是这样。第一印象也往往决定着他人对你的长期印象。

过去几年里，有学者对第一印象的重要性进行了许多研究，得到以下结果：

第一，从一个人的外表情况，比如身体语言、行为举止、风度表现和穿着打扮，来对这个人做出评价，全过程不会超过 3 秒钟。实际上，在日常生活中，人们就是用这种匆忙的方式决定对别人的评价。

第二，只要这些第一印象形成，就会固化人们内心的看法，要想改变或者扭转看法非常困难。

第三，假如有人对你下了定论，他就会不由自主地从你身上寻找一些线索来支撑他的观点（在两人关系发展逐渐亲密的过程中，人们经常这样做），专家们通常把这种现象称为“光环效应”。

最近，这项研究在加拿大相关机构进行检验，得到的结果表明，一个人判断网页的质量如何，通常在 0.05 秒就已经有所定论了。所以，无论对象是人还是物，人们习惯将目光刚落在对方身上，心里就产生结果。

1. 你的形象决定了别人看你的方式

约翰小时候经常在叔叔的农场玩，从那个时候起，他就知道外在形象所带来的价值是多少。每次农场上有推销人员拜访的时候，只要车道上刚进来了他们的车，叔叔都会郑重地告诉约翰，这是个怎样的人。假如对方的车看起来很新，叔叔就会说："这个人高傲又自大，根本不了解自己的客户，应该是城里不知天高地厚的幼稚小孩。"假如对方的车看起来很旧，叔叔可能会说："他看起来太潦倒了，也许他从前有过农场，但是经营不善，只能另谋生路。"当推销员一离开，叔叔就会问约翰，那些人有没有和他说过话，他对那些人的看法如何。根据对方的风度、着装等外在情况，谈谈对方给他留下的印象如何。在约翰看来，第一印象都是直接感觉到的。

2. 你能为所欲为地塑造自己

戴尔是一家金融服务机构的员工，公司里有一位内部审计师叫卡尔，他不仅事业得意，而且大家谈论起他来都是赞声一片。

作为一名审计师，卡尔的衣着比较标新立异。他本人看起来又瘦又高，似乎和人有距离感。但是他有个非常厉害的地方，那就是他能够选择适当的时机，对人绽露笑容，让人感觉非常温暖。戴尔觉得他有看人的眼光，经验老到。卡尔身上有一点和别人不一样，他的着装总是新潮大胆，口袋上一定别着三支笔，分别是红、绿、紫，刚好也代表着审计师的颜色……

请大家仔细思考一下，卡尔是如何塑造自己个人形象的——大家甚至可以思考他的名字，几乎能肯定地说，他原名一定是"卡尔文"，可是他却故意将自己的名字说成"卡尔"——这样做到底有什么含义呢？

一个内部审计师相当于警察和顾问的结合体——他不但要发现公司里不合理的地方，还要为公司员工提供关于法律、工作、职业道德甚至个人问题的一些看法。卡尔费尽苦心地塑造了这样的形象，想要传达的含义很明显："我是一名专业审计师，所有该发现的问题都逃不过这双眼睛。同时，我这个人很有亲和力，能够理解别人，就算是面对那些情感细腻的人，也有应对的办法。”

3. 确立你的形象榜样

作为领导者，你想要拥有怎样的形象呢？如果你对此没有明确的想法，那么专家一定会建议你观察公司里的大多数人，从中挑出 3—4 名事业有成且让人钦佩恭敬的人物。这些人将是你需要学习的对象。

你可以观察这些事业有成的领导者所具备的行为模式、做事风格、专业技能及其他方面的特征。在已经确立了自己的榜样在工作方面的主要特征后，请同事再重复一遍他的看法，一定不要全盘照搬，而是要参考自己的榜样，不断调整自己的做事风格、沟通方式及个人形象，从而把自己和内部成功人士之间的差距缩短。

4. 试问自己能否做到

你是否善于鉴貌观色，不断调整自我，能够在任何环境中如虎添翼，还是说你是一个不喜欢被他人影响，喜欢按照自己的愿望和想法来做事的人？很多读者也许会说：“后者就是我自己啊，如果公司或同事不喜欢这样真实的一面，那是他们的问题才对。”如果你认为自己是公司不能缺少的一分子，没有自己，公司就没办法运转。其实你坚持这种态度也未尝不可，但是，假如你不只是希望做到胜任工作，还希望在公司里出类拔萃的话，和公司无法协调就不是公司的问题，而是你本身的问题。

最好能塑造这样一种形象，不但让自己和公司及同事风格和谐，还能坚持维护真实的一面。假如你认为自己完全不可能做到，那么就说明，你留在这家公司是不合适的，找一个与自己的工作风格相适应的地方才是对的道路。这个重要的判断需要自己做出，只有通过这样的办法，你才能在现在的公司如鱼得水，或者在其他公司施展能力。

5. 从细节研究如何塑造个人形象

读到这里，大家开始知道自己究竟该塑造什么样的形象了。以下是一些可供实际操作的建议，为大家塑造个人形象提供参考。

第一，外形衣着符合公司文化或特定环境。

“以貌取人”是人们非常热衷的事情，因此，保证自己的穿着符合所处的环境是非常重要的。就算遇到了公司的便装日，或者所在的公司本来就对穿着没有强制性的规定，还是要保证自己看起来显得专业得体。

举个例子，某个星期五，一位同事在一家大型银行总部等待办事，很明显的是，当天正好是银行的“便装日”。这位同事看着员工来来去去，觉得观察他们是一件非常有意思的事情。尽管这些员工都没有穿正装，但是仍能够轻易地判断出，哪些人对自己的外表是在意的，哪些人根本不在乎衣着打扮。斯考特勋爵就曾这样对自己的儿子说：“衣着打扮是一件很傻的事情，可是一个人假如连衣着都不得体，看起来只会更傻。”

第二，一个人得到的最好的肯定，莫过于对方能轻易叫出自己的名字。

假如你能够记得别人的名字，这对对方来说绝对是个很大的惊喜。因此，在遇到一个人之后，要在第一时间里记录他的名字。假如不具备这种机会，在展开交流的前几分钟时间里，把对方的名字重复两到三次为宜。

第三，多提出问题，向别人求助时无须犹豫。

向对方提问，会给别人带来你很重视他的感觉。向对方寻求帮助，也可以带给别人你非常尊重他的感觉。除此之外，对方还会认为你善于学习，具备亲和力，给人感觉良好。

第四，善于倾听。

倾听是领导者获知信息的常用渠道之一，善于倾听体现的是对对方的尊重和自身的风度与涵养。身为领导者，你更需要知道，多听少说才能避免过多暴露短板，或因了解信息不全而造成错误判断，这将对你的管理者形象造成极大损伤。善于倾听别人的想法会让你自己得到更大的益处。

第五，及时称赞或认可他人。

应该对别人为自己做的事情由衷地表达感激，假如别人在工作中表现优秀，最好及时大方地表扬对方。

最终，你会学会如何留给别人一个正面的第一印象，这个第一印象可能会在对方的脑海中固定一辈子。假如你能够做到按照上述具体的情况来调整自己的形象，那么成为一名优秀的领导者完全指日可待。

充分意识到领导职权对团队的影响力

美林证券的高级副总裁丹·伯特是一个典型的优秀领导者，他带领的团队也相当成功。华尔街的权威分析家们认为，美林证券私人客户业务成功的关键在于丹·伯特杰出的经营策略和优秀的执行能力。除此之外，他在带领团队执行这些经营策略时，还拥有难以想象的创造力、勇气，以及热情。作为美国客户关系处理团队的首席，他因擅长平衡各方能力，能够及时有效地解决组织构架问题而得到大家的掌声。

21世纪初期，金融服务业陷入了发展困境，当时的美林证券选择增加管理层控制能力、减少高层领导的人数、寻求经营文化变革这样一条荆棘遍布的道路。丹·伯特认为，只有对企业文化进行变革，才能让企业保持优秀的竞争力并最终脱颖而出。

要想改变经营文化和企业理念，可以从改变领导者的领导方式开始。丹·伯特组织整个团队就“如何适应新的文化理念，成长为具有高情商魅力的领导者”展开讨论，并采取了以下做法：

第一，和每个经理人私下会面，询问有关领导水平、美林当下企业文化的看法。

第二，将答案归纳总结，分析成员对领导水平、企业核心价值观的看法，将适合企业发展的文化理念筛选出来。

这样一来，公司组织构架渐渐清晰。

接着，他又通知了150名职业经理人召开讨论会，主题是“说出你的真话”，时间是两天。在会议上，丹·伯特先生展示了组织构架，吸引了全场的注意力，团队成员受到未来美好蓝图的激励，讨论会逐渐进入高潮。

在讨论会中，丹·伯特认为问题的重点在以下几个方面：

是否清楚改变企业文化与每个员工的关系？

经理人的个人能力、团队协作能力是否进步？

文化改革如何具体影响企业发展？

当然，以上问题在讨论会中被一一解决，效果好得出乎意料。研讨会还出现了大批领导型人才，他们开始明确什么是领导型团队的重要品质，以及如何在执行中优胜劣汰。通过丹·伯特的研讨会，这些职业经理人像参与了高水平领导能力培训一般，对如何将领导职能、企业文化和发展战略有力结合有了更深层次的认知。

为何研讨会如此卓有成效？当然，这事关丹·伯特自身的努力。在每次会议和研讨开始之前，丹·伯特都会询问自己，到底想在谈话中得到什么结果。在这一过程中，他不断反省，设想期望，总结重点，从不轻视问题。他明白，这样的尝试一旦开始，就必须进行到底。虽然有时这是一种冒险，但要想解决实际问题，适当的冒险很有必要。

在通知所有职业经理人开会前，丹·伯特私下做了许多准备工作。他用行动证明了高情商领导水平到底是什么，他鼓励每个团队成员说出心声，互相信任，勇于承担责任。他认为讨论对个人成长、企业发展、文化变革和团队进步都是有益的。事先系统理清理念，使他在会议上表现得条理清晰和慷慨激昂；他鼓励不同想法的存在，在座的成员都能感受到他的价值观和坚定信念。这种勇气鼓舞着身边每一个人，未来的美好蓝图就这样展现在所有人面前。

丹·伯特的研讨会经历是有关领导水平的重要一课——领导者拥有一定权力，这种权力能够对自己和别人造成影响，所以要学会如何控制这种影响。

可惜的是，现实中大部分人都没能认识到权力对领导者的重要性。

为什么没能引起重视？也许是谦虚，也许是繁忙，自然地忽略了生活和工作中权力所产生的影响力。在人类大部分文化中，骄傲自大的一个表现就是公开承认自己的能力。受传统社会习俗的影响，人们习惯隐藏真实能力，或否认自身能力对他人的影响。无论是什么情况，不能正确掌握并运用权力，不能正确认识自己对他人的影响，都会削弱一个人的领导水平。

通过改变内外控倾向提升团队状态

多年前，斯皮尔斯·洛林在当地报纸的体育专栏上写过一篇报道，文中描述了两位教练在激烈的足球比赛中是如何表现的，还提到落败队教练的一系列古怪行为，正是他的行为导致了球队的落败。事实上，失败的球队不光在那次比赛中无功而返，在其余比赛中也从未奏响过胜利的凯歌。洛林在报道中这样写道："他气急败坏、不知所措地在场地边缘来回跑，高举着手臂横冲直撞，甚至打落了场地边上的摄像机。他古怪的行为像是在告诉自己的队伍——命运与他们作对，根本没有取得胜利的可能。于是，接下来的两周时间里，他们输掉了一次又一次的关键战役。"

与此形成鲜明对比的是，获胜队的教练看似"毫不在意"地坐在看台上，镇定的表现像是告诉队员们，如果想要取得成功，一切只能靠自己努力。他们也这样做到了，最终赢来了胜利。

如果以自身具备的比赛经验和专业知识来衡量，两个教练基本毫无差别，因为他们都能带领队伍杀进决赛。可是，为什么一个总是与失败为伍，而另一个不断获胜呢？

实际上，这两种不同的结果跟领导者所呈现的表现有关，领导者的表现很大程度上能够影响到他身边其他人的情绪、心态和行为。

一般情况下，当事人并不会意识到自己的行为对别人而言究竟代表着什么，所以他们只顾着表达自己的看法，或者发泄内心的情绪，而他们之所以会对相同事件产生截然不同的表现，原因在于他们对事件不同的归因方式，心理学家们将这种现象称为“内外控倾向”：

内控倾向：命运掌握在自己的手里——“这是我自食其力的结果”。

外控倾向：命运是一些外力运作的结果，是上天的旨意或他人的行为——“这些错都是别人造成的”或“这是运气决定的结果”。

1. 内控型人和外控型人的区分

如何判断自己是外控型人还是内控型人呢？简单讲，如果你相信自己的行为结果是自己的决定或努力带来的，你就是典型的内控型人。如果你相信自己的行为结果是运气、命运或是其他外界因素带来的，你就是典型的外控型人。除了自测外，身边那些最了解你的人也能为你提供正确的答案。同时，网络上有许多测试也可以帮助你深入了解自己，只需要几分钟的时间做完这些测试，你就会明白自己到底是内控型人还是外控型人。

外控型人和内控型人，到底哪种才是正确的选择呢？一般而言，内控型人受积极性、期望、自尊、冒险行为，或者自身行为的最终结果的影响。正如大家所感受到的，一些调查数据显示出内控型人自身行为和给人的感觉都显得更加积极。而外控型人则会表现出行动不积极、不自主思考完全听命于上级、不负责任地破坏等消极行为。所以多数情况下，在学习和工作中，内控型人会比外控型人表现得更加出色。

如果你已经确定了自己倾向于外控型，那么接下来的问题至关重要：你还有改变自己的可能吗？

研究结果表明，人类的内外控倾向是可以通过后天学习加以改变的。例如，某培训师从前担任过一家俱乐部的培训顾问，他的培训对象是一支由国内和国际赛艇教练组成的队伍。经过成功的培训，教练在运动员面前表现得更加积极，也就是让他们更加倾向于内控型。无论是运动员还是教练自己，都能感受到他们一年里保持着积极的状态。

2. 内外控倾向对个人发展的影响

有些管理者尽管刚上任，却不缺少雄心壮志，他们迫切地想要迅速提高团队的士气。在这些人接受培训的过程中，培训师会要求他们先从审视自我开始，再从内外控倾向方面调节提升，最后再管理整个团队。一般来讲，如果管理者的行为有所转变，团队的士气就会有所改变。仅就这个角度而言，一个团队的士气是由管理者行为，而非团队成员的行为造成的。每个人都应该能够明白这样一个道理：一个人的自我发展是掌握在自己手里的。在阅读这些的时候，你们很可能完成了内控型人的转化，表现出积极向上的状态。正因为这种积极的状态，才可能在工作中脱颖而出。

3. 如何改变自己来提升状态

怎样才能通过改变自己的内外控倾向实现提升状态的目的呢？市场上各种培训项目多如牛毛，但是，如果你对操作简单、效果明显的方法有兴趣，可以从改变自己日常谈话的角度入手。

比如，大家可以试着把“不要”这个词在自己的词汇表中删除，直接改为具体的建议，或者在脑海中描绘一个充满正能量的形象，这样，你们就能够呈现出一种积极向上的状态。下面大家来看看一些语句，看看阅读的时候，脑海中会出现什么样的画面：

不要掉下去了！

不能在墙上胡乱涂鸦！

如果地震爆发，不可以待在屋里！

当你听到“不要掉下去了”，脑海中浮现的画面可能就是什么东西快掉了，同时会想到碰掉这个东西可能造成的严重后果。在这个过程中，可能会想到童年时期不小心碰掉一些东西的情形，还可能会想起当时因此造成的一些麻烦。

当你听到“不能在墙上胡乱涂鸦”时，可能会想到你在墙边，手里拿着东西在搞涂鸦创作。实际上说话的人也许只是让你不要随便乱画罢了，可是他在说这句话的过程中，没有提到过“乱画”。因此，你可能会联想到自己正在墙上创作。

当你听到“如果遇上地震，不可以待在屋里”，你会想到的就是地震中倒塌的房屋。当面临地震，人们会本能地想找个地方躲起来，反而忘记要逃出去，找个空旷的地方待着。正因如此，有关部门把标语变更为“如果出现地震，请撤离到应急避难场合”。设计师还用图示标出应急避难场所的位置所在，通过视觉材料突出表现“应急避难场所”。

大家明白了吗？只要在陈述或标志上和“不要”这个词扯上关系的任何话语都会在脑海中形成某种图像。前面已经示范了三个关于“不要”这种陈述的事例，在事例中，这种陈述带给人的图像基本就是相反甚至对立的，造成听话人无法接收到说话者想到表达的信息，或是听话人应该发生的行为无法发生。

假如在说话时抹去“不要”这个词，尽力描述自己想要对方产生的正面行为，这样你就能从积极思考开始，将正面思想升级为积极的行动。

打个比方，假如是内控型的人打算表达前面几条反面叙述的含义，也许会使用以下的表达方式：

“不要掉下去了！”——“千万要拿好玻璃杯啊！”

“不要在墙上胡乱涂鸦！”——“在合适的地方作画！”

“遇到地震，不要待在屋里！”——“要是遇到地震，记得撤到空旷的地方！”

这种果断把叙述中的“不要”去掉的方式，更容易让发言人和听众在瞬间接收到正确信息。对你来说是不是也更容易接受呢？

有人对接受过训练的人进行了调查跟踪，并采访了那些队员。全无例外的是，队员们提到其中一位教练都赞声一片。他们众口一词地回应：“他在过去的一年中改变很多。大家都不知道他参加的培训计划到底是什么，可是现在，他这个人的状态相当正面、积极，大家在他手下训练也相当快乐。”

第二章
建立个人愿景并付诸现实

领导者必须具备带领团队实现企业愿景的能力，这种能力的训练是从实现领导者的个人愿景开始的。梦想是一个人希望和力量的来源，确立梦想、衡量能力、制订计划，一步步将愿景付诸现实，是领导者自我管理的重要内容。

描绘你的个人愿景

大部分人对自己的工作和生活产生失望情绪的最初阶段，常常是感觉不到变化的，以下用杰克逊的故事来说明。

杰克逊是一位中年男性，他的一切看起来都很成功，生活也没有什么风浪。可是，在经年累月的工作和生活里，他不知为何失去了对生活的热情，突然看不到未来在哪里。最初，他出生于贫民区的普通家庭，与他身边的大多数朋友相比，生活完全可以用事事如意来形容。他顺利考上大学，工作也一个比一个让人满意。现在的他，坐到了一家中型信息科技公司的副总裁位置，同时也是老板的左膀右臂。他跟女儿们的关系也很亲近，很有远见地把她们读大学的钱都准备好。尽管跟前妻离了婚，也没有影响他们之间的朋友关系。他有一个固定交往的女友，两人之间也很亲密。他是教会的忠实信徒，每周固定抽时间去做礼拜。所有的一切看起来相当圆满，可是，到底会有什么问题困扰他呢？

杰克逊认为，他的工作和生活已经固化，毫无激情可言。大脑中有关未来的构想完全一片空白。当别人问他有什么希望与计划的时候，他茫然四顾，不知道该说些什么。

沉默许久之后，杰克逊无可奈何，他就像一个刚考进大学读书的孩子，不清楚自己的兴趣到底在什么地方，这些行为与他社会精英的表象完全不符。所以别人进一步提示他："假如你中了彩票，比如说赢了8000万美元的奖金，有什么想要实现的愿望？"他回答："想要开着一辆卡车去环游美国。"这个答案一点都不像是对未来的展望，更接近对现实生活的逃离。杰克逊觉得实在不能继续乏味单一、一成不变地生活了，他迫切地想要改变目前的生活和工作状态。可是，他不清楚自己该如何做出改变。为此，他特意向专业人士寻求帮助。

专家们对杰克逊的生活和工作进行了全方位的观察，研究他平时对什么事、什么地方感兴趣。经过一段时间，别人再问他，觉得能使自己生活变得充实的事情是什么。他说，想当老师，去一所高中教书。这所高中位于贫民区，他能教孩子们学会用电脑获取信息，和外面的世界取得联系。

有了这个目标，杰克逊仿佛变成了另外一个人。他的眼睛看起来闪着光芒，开始对学习新东西感兴趣，比从前更爱说话。他顿时开窍了，发现自己的生活充满千奇百怪的可能，提到未来的规划时也可以畅所欲言，例如，怎样挤出时间在晚上和周末去本地高中教学，打算在公司里为学生建立一个信息科技实习基地等。他脑袋里的新点子层出不穷。从前，他只要一想到自己的工作和未来生活时，心情就会十分低落。但是现在，他几乎忍不住想要立刻实践自己的计划和梦想。如今，杰克逊对自己到底想要成为什么样的人开始有了更确切的认识，他想要做些有意义的事情来实现。

这个世界上和杰克逊一样的人还有很多，他们心里希望能从工作和生活中获得满足感，但面对这个抽象的概念化目标还不知该如何去实现。部分人告诉自己，应该满意目前的状态，不需要有更高的要求；另外一部分人不甘于现状，想通过自己的努力换取美好未来，他们开始参加五花八门的培训，如攻读 MBA，找各种专业老师进行一对一辅导等。无论是哪一种，就算他们渴望改变的愿望再强烈，假如不尽快开展行动，生活依旧会平淡无奇。换句话说，这种促使人们改变自己的冲动，是一种保鲜期很短的情绪，并不会给生活或工作带来大的改变。

面对自己的健康，人们也会出现同样暂时冲动的情况。比如，有的人为了瘦身塑形使用了各种方式，节食或是聘请健身房的私人教练等，刚开始的时候，他们对自己的要求相当严苛，分分秒秒都在计算卡路里的摄入数值，拼了命一样地运动并按时称体重。可是过了一段时间，他们会觉得每天不吃饭或天天在健身房锻炼是一种负担，就像是自由生活的权利被剥夺一样。最终，强烈的疲倦情绪会把他们完全击垮，以至于又绕回到继续暴饮暴食的老路上去。

最初，人们下定决心想要克服自身弱点。可是把关注的重点放在缺点上面，对努力达到的结果产生过高的期望，不明白循序渐进才是真理，自然很快就认为自己的努力无法取得好的结果，浪费了时间和精力。过不了多久，人们的自信心就渐渐消退，开始变得急躁冒进、垂头丧气。

假如现阶段的情况不利于自己，人们需要知道如何通过具体的目标改变自身来创造更加美好的未来，这需要你在行动之前先观察总结，避免因盲目行动或目标不当造成过早放弃的结果。只会一味地伤心失望，看不到远处的梦想，那么糟糕的境况永远不会改变。梦想不但能让人们充满力量，还能为人们指明美好生活的前进方向。相反地，当人们失去对未来的期望，就会丧失激情和行动的力量，而且这种相互影响会不断循环下去。

梦想确定了人们未来的模样，在追逐梦想的过程中，人们心中会充满乐观主义精神，身体会积蓄力量，工作效率也会成倍提高。你心中充满了积极情绪，会觉得万事都有可能。被这些积极情绪所带动，你无论做什么事情都会相当有干劲，同时会坚持不懈地朝着梦想去努力。

想要培养乐观积极的情绪，需要人们心理、情感、感觉和行为上的各方面彼此配合。根据这些配合，人们能从提高自己的情绪适应能力开始，增强神经传导功能，改变心理状态，最终实现心智的进步。储存乐观积极的情绪，还能在人对抗权力、压力的负面影响时产生积极的作用，让人的身体和精神保持健康。

建立个人愿景能够帮助人们向着美好的方向改变，还能让这种改变延续很长时间。实际上，很多世界顶级的运动员都有自己的梦想，在比赛的时候，他们会想着未来的美好情形：赢得比赛且突破个人的最高纪录。人们可以通过想象力来让生活中的一些美好希望和人生梦想变得具体化、形象化，最后成为现实。个人愿景能够帮助人们在情感上实现自我修复，还能为人们的决定和行动指路。如何建立个人愿景呢？关键在于，人们要在头脑中把它具体化，以能描画出一幅关于未来的清晰图画为最佳，这样就能为人们带来鼓舞人心的作用。显然，人们在工作和生活中的目标与意义经常来自于这样的一幅幅图画。

个人愿景是人们对未来理想的描画，只有通过它，人们才把自己对生活最深层次的渴求和需要真正地表达出来。个人愿景不只包含人们对生活和工作的幻想，还包括了人们对自身的幻想。它描绘了人们梦想中的未来状态，而不是通过现在的状态去做未来预测。

在描画出个人愿景之前，人们会仔细思考理想中的自己是什么模样：

你生命中最远大的理想是什么？

你的梦想和希望的未来是怎样的？

你的激情怎样挥洒？

你肩负着什么责任？

每个人理想中的自己都是不同的，它会受到各方面因素的平衡：第一，人们拥有自己独特的性格特点、生活和工作状态；第二，造成人们各自生活和周围世界影响的是人们不同的价值观和信念。这些都是理想自我的形成依据，当人们现实中的个人能力和未来期望结合后，奋斗的动力就会被激发。

全方位地认识自我

太多原因共同形成了你这样一个独立的个体，包括你的行为模式（面对事物时，你的感受、行为方式和语言表达）；你的个人经历、所扮演的角色和社会身份；你的个人梦想、价值观和思想信仰等。在之前的章节中，你已经明白了自身的梦想和信仰是什么，如今的你需要对自己的行为方式有所思考，也就是说，在面对具体事情时你会怎么做，你又怎样评价自己。每个人或多或少都会受到自身经历的一些影响，在发现过去生命过程中所形成的行为模式方面，有一系列的练习能够有所帮助，这些练习的作用是让你对从前的经历有一个从头至尾的梳理反省。这个反省的过程能让你对生活有更深入的认识，包括你的各种情感状态是如何体现在各种经历当中的。当这些从前的回忆和当下的情绪渐渐清晰，你就能清楚地认识到真实的自己是怎样的。

经历了这个过程，你会明白在之前的这些年中，自己有了怎样的改变，这当中也会发现自己的兴趣到底是什么。当你反复回忆起从前的欢乐时光，还有经历过的艰难困阻，会发现对自身的认识又多了一些。这个反复持续的过程让你明白自己是怎样成长和改变的，并会了解实现成长的关键在于重视生命中每个重要的方面。

一个人的进步跟这个人眼前的生活状态关联很大。换句话说，人们会用一些特别的方式来判断自己在工作和生活之间是否达到一定程度的平衡。当然，这不是简单地看一个人花在工作和生活上的时间分别是多少。真正渴望得到改变的人必须对自己生活的方方面面进行审查，而不单单是领导水平这一点。让下面这个故事的主角杰西卡来告诉我们一些事：当你意识到工作、生活中的一些乐趣在慢慢消失的时候，就意味着一个相当明显的警告信息已经出现。

杰西卡是一家公司的客户管理部门副总，她对于得到这个职位表示非常开心。可是，组织架构复杂的团队、多样化的人际关系等问题都让她深感自己正面临严峻的挑战。和大多数人一样，杰西卡对得到这个新职位充满动力和信心，但也有细微的隐忧，她到底能否在新职位上迈出一大步呢？她能否在照顾家庭生活的同时做好新的工作呢？……

几个星期之后的一个周日下午，一些朋友在佛罗里达州的迈阿密见到了杰西卡。她向他们表示了对新工作的期待心情，也坦白了现在不知该进修什么新东西或者在行为习惯上做出哪些改变，才能更好地适应新职位的苦恼。她希望能从朋友那里得到一些意见作为参考，帮助她做好一个领导者。

接下来的几个月，杰西卡在朋友们的建议下，尽力对她的个人愿景做了一些想象和描绘，并在自身和周围的环境之中她做了一个全面评估，内容包含目前所处领导地位、之前从事的工作经历、家庭关系的维护，就怎样实践自身的价值和在新环境中怎样施展自身领导水平做了一番深刻的剖析。在交谈的过程中，朋友们分析出杰西卡的优点和弱点，以及杰西卡希望获得的关于领导力的启发。跟着，他们就这些意见和杰西卡坦诚相谈。

听完了朋友对自身的评价后，杰西卡仿效成功人士，勇敢承认自身的弱点，相信只有主动改正缺点才能实现她所追求的杰出。从朋友的反应中能够看出，尽管杰西卡还有很多不足的地方，但是朋友对她给予的正面的支持和评价，都比负面的要多。这些反应和意见使杰西卡得以从固定的观念中脱身，现在的她能够完全明白朋友们的想法和感受，还能从他们的评价中收获充足的信心，面对将来的职业前景充满期望。

在咨询别人的意见和自我反思后，杰西卡对自己有了更加全面的认识，并且，这种认识无论是对别人还是对她而言，都是深刻而正确的。通过这些认识，杰西卡能清楚地认识到自身真实的一面和理想一面的差距，学习利用自身的优点开展工作的新路子。除此之外，杰西卡还认识到，自己可能在过去忽视了生命中很重要的一部分，这些才是支撑她进步的动力。

很多年以前，杰西卡开始练习吉他，她每天都会抽出一点时间练习古典音乐，曾经还和朋友组队成立了一个四重奏乐团。可是在她被忙碌的工作占据了大部分时间之后，就不再继续练习了。和朋友沟通后，杰西卡买了把新吉他，从头开始弹奏练习。渐渐地，从前每天晚上练习弹奏的习惯恢复了，她通常是一个人练习，偶尔也带着孩子一起练习。

对于杰西卡而言，这个兴趣爱好的恢复相当容易，仅仅花了几个星期的时间，而且这也成为她在工作以外的时间里恢复身体和精神的重要方式。也给她和她的家人带来更多的欢乐。

像杰西卡这样杰出的领导者通常对自身都有相当准确的认知，他们明白自身的优缺点以及改进空间。而要想使改变即刻见效，其中的重中之重就是清楚地了解自身目前的状态。作为一个单独的个体，每个人、每个阶段的生理特征、生活经历和状态都有所不同。当面临环境的变更时，人们都会发生大大小小的一些变化，并且常常能够通过改变自身来不断适应新环境。所以，当你成为管理者后，需要重新认识现在的自己。

现在，来看看你所处的地位，分别思考一下你的优缺点。这个自身的评估过程会和你之前想象中的个人愿景结合，来帮你打造一个实现完美未来的学习进步安排。

第一，考量自己的角色。

你应该考虑在工作和生活中，你的哪些行为最有效，而哪些行为最不合适。思考在过去和现在的角色中，对你生活和工作产生影响的角色有哪些。

第二，个人优缺点分类。

你应该对自己的优点有所了解，同时还要思考一下你的弱点，所面对的挑战有哪些，还有需要克服的困难又有哪些。

第三，考量自身社会关系。

人类生活在社会群体中并不是完全孤立的，与周遭总有或多或少的关联，不管是工作还是生活，要想完全与他人毫无往来是根本不可能的，所以你需要反省一下自身的社会关系，以及对你领导水平提升有所影响的那些人是如何作用于你的。

一个显而易见的道理是，管理者对自身的优缺点必须全盘掌握。在过去 10 年里，有个关于领导高效性的研究结果证明：

第一，在工作中表现优秀的管理者，能够定期主动收集别人对自身工作表现的反应。

第二，较为杰出的领导者通常是能够相当清晰地了解到自身的优缺点的管理者。

那么，我们为什么需要取得精确的反应呢？

通常而言，想知道人们到底怎样评价自己的工作表现，对大部分管理者而言是个相当有难度的问题，但是想知道自身取得的真实成绩如何相较而言会简单得多。换句话说，自身职责范围中的任务部分，包括销售情况、生产目标或预算等，这些消息都是比较详细的，因此自身在这些方面表现怎样，一般情况下是一目了然的。不过，假如想了解自身在管理方面的表现就会相对困难了——你在管理中采取的行为是否恰当，你和其他员工之间的人际关系应对是否得体等，这种类型的反应意见是最难收集的。通常来讲，你在这些地方得到的唯一反应，也许就是你的上司告诉你“某些地方出了点状况”。假如你想要从同事那里获得一些消息，他们的反应一般都相对概括，而且通常不会提起你不足的地方。

这种方式太过被动，而且这种零星的反应一般也起不到什么作用。还是提议你能积极主动地征询别人的意见，观察他们到底是怎样看待你的。然后，将自身采集来的反应和自身评价进行对比。

要想达到这个目的，人们应该：

首先，要求真正了解你、熟悉你的人给你反馈，这些人包括你的同级领导、同事，还有伴侣等。这种办法的缺陷在于，别人很可能为了顾及你的情绪，对你有所保留。为了杜绝这种现象，你应当让他们写出你的优缺点各三个。

其次，使用全方位反馈。全方位反馈的评价者是与被评价者关系密切的人，包括上级、同事、客户等，并采用匿名的评价方式。毋庸置疑的是，这种方法不但能够提高反应的准确度，还能让对方在给予反应的过程中最大限度地坦诚相谈。

制订学习计划，将理想付诸现实

毋庸置疑的是，为了实现未来的理想，你需要适当地改变自身。那么，在这个过程中，你有什么地方需要学习提高呢？你有什么计划安排需要完成呢？

当人们努力让正确的认识化为行动的时候，他们身上会发生彻底的、不断的变化。这就是你需要做的，通过制订和完成学习计划实现循序渐进的进步。在寻求主动改变的过程中，学习计划是一个关键点。在这里，你也需要从“应该做什么”变成“要做什么”。

假如制订学习计划只是意味着将安排写出来，并非什么难事。因为你心里明白为了改变安排了什么内容。如果在树立个人愿景方面，你已经取得了成功，那么你会清楚自身未来的发展方向该怎么走、如何走，深入发挥个人自愿，明白自己的优缺点和所拥有的社会关系，而且清楚认识到真实的自己。现在的你，唯一缺少的只是一份可供操作的学习安排，指导你进入人生的新阶段。

但是，在我们的现实生活和工作中，太多计划没能实现，太多目标都没能完成，为什么呢？根据研究调查显示，太多发展安排没能贯彻下去的原因在于，太过于关心自己的外在表现，那些个人梦想、目标或生活期望被间接性地忽视了。我们会习惯性地向他人寻求建议或反馈，并根据它们制订计划。但是，以此制订出的安排必然会过于关注社会或他人的要求。这些来自外界的压力或要求绝对不会成为一个人不断学习和进步的支撑力，人们只有面对自身真正想要学习的东西时才能坚持完成计划。

这样做的目的就是帮助你明白自身真正的爱好在什么地方，然后为了你的兴趣爱好和愿望不断做出改变，切记这种改变不是为了满足别人的期望。这才是这种理念特别的地方。别人所提倡的学习安排应该是你日常生活中的一部分，但你的学习安排不应该完全是别人对你的要求。

这两者有什么区别呢？对于大部分人而言，某些时候的努力改变来自于外界的压力，某些时候的改变则是想要实现自身的梦想，在面对这两种情况时人体产生的反应也截然不同。面临前一种情况的时候，人们会很自然地产生一种自我保护机制。实际上，真正的学习安排是让人能感觉到充满希望、活力、创造力和探索精神的。主动学习能让人全神贯注于自身的爱好兴趣和充满意义的事，在人们做这些事情的时候，不必担心会失败和让别人扫兴。

在制订学习安排之前，你还需要了解的就是，会有四个因素来影响你的制订过程和安排的最终效果，即计划风格；学习风格；生活的节奏；别人的帮助。

最后需要提醒你的是，让思考转变为实际行动是一个相当大的飞跃，要求你必须具备正确的自身认识和强大的自身约束力。实现梦想的时刻，也就是你成为一名杰出领导的时刻。那些围绕在你身边、依靠你的人都会从你的领导水平中受惠，同时整个团队的凝聚力会提高很多，这点相当重要。

制订目标计划的三种方式

正如在研究中发现的那样，人们在假想将来的时候一般有三种方式：目标导向、方向导向和行为导向。

一部分人会把目标设定得相当具体，而且会在执行时做到安排细致、循序渐进。在研究的样本中，大概有一半都是目标导向型的人。这些安排者经常会制订详细的目标和他们希望达到的结果，但这些目标和结果也许跟先前的最终梦想和追求没有多大的关系。这就意味着尽管这部分人很会设定目标并如期实现，但他们也许会一直挣扎在短期目标的路上，不能接近最终梦想。可是，通常来说，一个人到底属不属于目标导向型，并不是那么容易确认的，因为设定目标对多数人来说是相当自然的事，也是制定安排的常规方法，人们在学校早就受过这方面的学习培训，商业上也有近似的业绩关系体系可供比较。

还有一部分人，他们在追逐梦想的时候表现为方向导向型。他们知道应该朝什么地方努力，可是每个阶段性的目标却不是那么明确。他们信念坚定，但却在设定和实现具体目标时表现得相当千变万化。换句话说，有关未来的期许和现实世界的看法，他们的视野会非常宽广，不会聚焦于某一点。这种人能知足常乐、见机行事，也能更好地适应身边的环境，抓住前进过程中从天而降的机会。他们一方面能够坚持自己的原则和价值观不动摇，另外一方面也能迅速就身边环境的变化做出反应。

当然，还有很多人对于长远的未来并不关心。研究结果显示，大概有 1/3 的人是行为导向型的，他们根本不关心未来有什么改变，也没有什么长期的计划。其中有一部分人只思考了当前的任务和行为，根本不关心下一步该怎么行动。他们在行动时只会思考当下的环境和条件，而下一步决定则几乎取决于上个行为带来的结果。还有一部分人则彻底地生活在当下，只关心自己的现在，并不思考将来。

当你在制订自身的计划安排时，很可能需要参考以上多种方式。假如某个领导打算水平训练想说服每一个人都按照同一种模式去训练，同时想要人们肯定有一种“最佳办法”存在，那么这种训练无疑是失败的。

虽然上面几种方式各不相同，但是有很多值得我们参考借鉴的地方。在你确定自身最接近于什么导向之后，就能够思考从其他的两种导向中还能学到什么经验。打个比方，假如你接近方向导向型或行为导向型计划的话，你也必须在计划中包含一些实际的、能够操作的目标。假如你接近于目标导向型计划，那么你也许在设定具体目标时不会碰到困难，但也要做好见机行事的准备。假如你是一位行为导向型计划者，请保证你能坚持自身的原则和价值观念，同时在行动中适当地增加一些计划安排。这三种方式，任意一种都能为其他的方式提供参照，你所需要做的就是准确选择你所接近的方式，同时适当地吸收另外两种方式的优势。

时间管理与任务管理

假如公司的 CEO 想让你负责一项特殊任务，在完成这个任务的过程中，你必须跟 CEO 一对一汇报，也许还能就企业面临的重大战略问题独立进行决策。对你来说，这项特殊任务代表着一个提高自身的机会，很大程度上会成为你人生中的重大转折。可是，这项特殊任务本身还包含了一个不利因素，就是这项任务需要占用你一天的工作时间，你还需要用剩下的四天来完成你现在的工作任务。

在接着读下去之前，请先对这个问题进行回答，你是否会接受这项特殊任务？

在一项专业报道中，相关研究人员就这个问题对上百个管理者进行了意见调查。虽然大部分人都觉得现在的工作已经忙碌不堪了，可是，99% 的管理者都决定接受这项任务，他们认为自己能够完成任务的原因是什么呢？

在解答这个问题之前，我们需要先注意管理者对以下两个问题的回答：

第一，他们是否坦诚假如激励措施力度够大，他们每周会花费 8—10 个小时来完成手头的工作，或是对手中的工作进行缩减，同时保证不会产生任何不良的后果。

第二，他们是否将有些时间浪费在完全没有什么结果的活动上面。

几乎大部分的管理者都会通过五花八门、事实上并无多大用处的工作来减轻工作压力带来的焦虑情绪。这种做法也可能是他们在无意识状态下产生的心理反应。这当中代价最高的表现形式是让你一直处在一种忙碌的状态，一直奋斗在一些没有意义且难度较低的工作上面，从而丧失了那些充满机遇的任务安排。事实上，你完全可以从中挪出时间来完成更重要的事情，或者，把它们以任务分配的形式交给其他团队成员完成。

这些浪费时间的活动也被称为“舒适任务”，这种说法相当合适。由于在开展这些工作的过程里，根本没什么机会浪费脑细胞，做起来也相当轻快，当然会带来舒适的感觉。可是，就算完成了这些工作，你就能离自己的目标更近一步吗？答案是否定的。因此，提升效率的关键问题在于怎样将这种工作减少到最少程度，让你享受一定程度的舒适的同时，不会由于时间管理失当而耽误大事。

1. 怎样才能减少浪费在“舒适任务”上的时间

首先，就是要感觉到你实际上浪费在“舒适任务”上的时间有多少。需要记得的是，对大多数人们而言，完成这类“舒适任务”的时候通常处在无意识状态，因此你还需要确定哪些任务是“舒适任务”的范畴。

当你确定了“舒适任务”都有什么类型，你就能有意识地去压缩从事这些工作的时间。必须要记得，在这些“舒适任务”上浪费时间也许是一种安全的减压方式，没有什么问题，可是如果过多地承担这种“舒适任务”，就会引发不良后果。

当你发现思绪有些捉摸不定时，要记得检查一下你手头上做的是不是“舒适任务”，然后告诫自己重新回到正常的工作生活中。这种简单的办法就能帮你空余一些时间出来，方便你专注于重要工作或私人生活中那些真正重要的事。

2. 怎样判断工作的重要性

要想正确地判断什么才是重要的工作，就得对工作进行仔细的鉴定和区别，这样才能将重要工作和亟待解决工作合理区分。

“亟待解决工作”代表的是那些需要准确时间限制的工作。一般情况下，这些工作不是由你个人决定，而是需要别人的合作才能推进下去。假如任务需要更快完成，就代表你这个任务的紧急性更高。亟待解决的任务一般包括回复电子邮件，参与别人组织的会议，填写一些定期报告等。

“重要工作”代表的是对那些达到最终目标有帮助的工作。一项工作任务的重要程度在于到底需要浪费多少时间来完成。必须注意的是，重要工作和紧急程度完全没有关系，重要工作代表着你想要开展或者需要开展的工作，并非别人想要你去完成的工作。什么才是重要的工作呢？对于不同的人而言或许会有各种答案。通常来说，重要工作包含了筑造你的人际关系网络，制订未来一年的个人发展规划，还有参与个人发展规划。

一旦你能够正确区分亟待解决工作和重要工作，那么就可以轻而易举地在下面四个选项中做出选择：

（1）立刻动手去做；

（2）打算何时去做；

（3）过会儿再做；

（4）完全不做。

假如你发现对于当下到底该做什么并不知道的时候，或觉得你手头的工作忙碌不堪，对下一步工作的开展没有任何头绪的时候，可以考虑试着对工作分类。

下面两个步骤对你会有所帮助：

第一步，确定一项工作的重要程度。

这个工作重要吗？这个工作对你实现长期目标有无帮助？

第二步，确定一项工作的紧急程度。

这个工作是否紧急？换句话说，假如现在不做，会有什么后果？为推动事情进展，你又在何时采取下一步措施？

对于既重要又紧急的事情需要马上做，假如你此类事务较多，也从侧面说明了你需要注意平时的事务管理，尽量减少此类现象发生；对于重要但不紧急的事情，你需要细致地规划，仔细地完成；对于紧急但不重要的事情，可以授权给下属，帮助你快速完成；对于不重要且不紧急的事情，为了节省时间和精力，需要尽量少做，甚至完全可以不做。

第二部分

管理精髓

领导者在能够驾驭自己的前提下，就要考虑如何能更好地驾驭他人，驾驭团队，驾驭各种关系。管理的本质就是要管理团队及其关系，只有成功地驾驭团队与关系，才能保证企业各项事务有序进行。管理是一种艺术，它有自己的技巧、工具和方法，掌握了它们，可以让管理工作事半功倍。

第三章
最大限度地发挥团队效能

团队管理是领导者面临的最大难题。如何才能让团队成为密不可分的整体，让团队成员各司其职，使团队的效能达到最佳？如何调动成员的积极性，让成员们认可团队……这些问题无不指向团队的核心领导者。成功的领导者总能在无形中让下属们积极行动起来，不断地提升自身能力，最大限度地发挥团队效能。

明确岗位职责，把握绩效管理

一次，汤米应聘到一家公司做培训经理。与汤米同时进入公司的还有乔伊，乔伊也应聘了培训经理一职。过去，两人在工作中一直相处得很愉快，私交也不错。偶尔，他们还会趁休假的时候相约到对方的家里烤肉。虽然汤米刻意隐瞒这个事实，但显然，双方都对对方应聘了培训经理这一事实心知肚明。

两人都十分中意这家公司。但因为公司正处于上升时期，无法同时聘任两人作为培训经理，便给两人分别以“高级经理”“培训经理”的职位。恰好，汤米成了高级经理，而乔伊成了他的属下。在正式任职之前，他们一起吃过一次烤肉。就在那次交谈过程中，他们都真诚地表达了自己想要在新工作环境中与对方协作配合的愿望。

但在上任两周后，汤米和乔伊之间就出现了分歧。到第三个月，这种分歧已然上升到直接的冲突。究其原因，在于两人在培训实施方式上的差别。两人原来对彼此印象颇佳，在原来的公司合作也很愉快，甚至私交也不错。而且，双方对于培训应该发挥的作用也全无任何相左的意见。但在培训实施的方式上，两人都特别固执己见。虽然新公司为两人制定了不同的职位描述，但这一描述的方式是建立在“投入”的基础上的（即其职责范围和完成这些职责的方式），而不是建立在“产出”的基础上的（即每个人所需要实现的目标）。因为两人的职责在描述上有所重合，所以才会产生意见不合，最终形成“角色冲突”。

有的时候，人们即便是深陷“角色冲突”中也毫无意识。因为我们经常会错误地认为，这就是性格之间的冲突。但事实上，不是这样的。

之所以会发生这样的冲突，是因为相互之间职责并不明确，即公司并没有把握住对绩效的管理，从而影响到了团队的协作。

关于团队成员的考核标准，我们可以分为两个步骤来制定：首先，明确定义每个团队成员的职责范围；然后，明确考核标准和衡量方法，并就以上内容和团队成员达成一致意见。

1. 明确定义每个团队成员的职责范围

管理者一定要非常明确地了解，自己所带领的团队成员的职责所在，以及自己对每个团队成员在工作上的期望。

不这样做的话，团队成员的表现将会因界限模糊而变得差强人意，甚至与你本来的期望背道而驰。如果任由事情恶化下去，那么，所产生的误解将可能会导致更大规模的“角色冲突”。

首先，在明确定义每个团队成员的职责范围时，应该放弃“投入型”的方式，选择“产出型”的方式。

在进行职位描述的时候，一个必须加以重视的问题是：很多描述经常是建立在“投入”而不是“产出”的基础上。前者指的是员工需要完成的工作，而后者指的是员工需要实现怎样的目标。举个例子，“监督、指导销售服务团队的运作”属于“投入”，而“确保客户满意”属于“产出”。一旦对职位只用“投入型”的方式进行描述，那么就可能会导致以下三种后果：

第一，在不同团队成员之间可能会出现角色职责的重合，甚至极有可能会出现某些团队职责多人担任，某些职责却无人问津的局面。而要想把所有职责一一列举出来是很难做到的，所以这一结果也是无法避免的。

第二，团队成员可能会完全专注于自己被分配的职责，这样也就限制了其思维，看问题的时候难以做到纵观全局。换句话说，这些人会忘记整个团队，甚至整个企业的整体发展目标。

第三，这样的“投入型”职位描述可能会被员工用作自己的辩护理由。譬如，在规模比较大的企业里，尤其是那些有着明确等级划分的企业里，如果采取“投入型”的职位描述将可能导致角色冲突。在没有实现目标的情况下，员工们可能以此作为“免死金牌”，为自己辩护。他们会说：“在职位描述中，根本就没有这部分工作。”无论对职位的描述多么地详尽、具体，也无法避免错漏部分工作，这也凸显了“产出”的重要性。在规模较小的企业内，“投入型”的职位描述会使得员工不堪重负。如果某项工作不在员工的职位描述内，该员工也可以以“不在职责范围内”为理由进行推脱。

其次，在明确定义每个团队成员的职责范围时征求团队成员的意见，最终使其专心致志地投入到工作中去。

在进行职位描述的同时，应该就该职位预计要实现的目标与团队成员达成一致。管理者在职位描述的制定过程中要经过一系列的讨论，努力使团队所有成员达成一致。同时，还要就职位的“产出”和团队成员形成共识，这是十分必要的。它对团队的工作设定、工作关系，甚至最终企业的构架都会产生深远的影响。总而言之，职位描述的价值远比想象中重要得多。

职位描述的制定不能依靠一个人独断专行，也不能交给人力资源部门便放任不管。如果人力资源部门也参与职位描述的制定过程的话，其发挥的作用只能限于进行培训，或者提供某些辅助性工作。真正的决定者应该是管理者和全体团队成员。必须要记住的一点是，职位描述不应该是照搬现有的相关理论和经验，生搬硬套，负责对职位进行描述的人应该充分考虑每一个工作岗位的工作目标。

其三，在“投入型”方式的基础上添加内容，使其转化成为“产出型”方式。

要将原有的“投入型”方式转换成为“产出型”方式，其中的一个方法就是在现有职位描述的基础上增添条件。具体可以参考下面所列举的职责描述，该职责描述是从一个大型中央处理器中心主管的职位描述中摘抄而来的，具有很好的借鉴意义：

在大规模、多主机的运作环境中，负责监督并指导计算机控制室的运作。

对操作人员进行现场培训支持，确保其按照标准的运作流程进行操作。

在系统软件、硬件分析和修正的过程中，以及机器运行出现问题的情况下，向员工提供帮助，或者找到适合的人选来完成该项工作。

对计算机使用记录和运作日志进行维护。

协助值班经理完成工作。

以上这些描述的基础是“投入”，而非“产出”。

一般来说，多数的“产出型”职位描述最后列出的“产出”仅为5—6条，而职位较低的话，也不会超过10条(必须注意的是，对于“产出”的职位描述不能杂糅任何“投入”的成分在内)。从经验法则的角度来说，随着职位的升高，管理者的“产出”数量应该随之递减。这也就意味着，如果一个人已经晋升为首席执行官的职位，这个人的“产出”也就会变成“实现高效管理，从而达到股东们的期望值”。

2. 明确考核标准和衡量方法，并就以上内容和团队成员达成一致意见

另外，必须要铭记于心的是，针对“产出”的问题和团队成员进行协商，最终达成共识。职位描述绝不仅仅限于纸上谈兵，因此，一定要保证团队成员的积极参与。

首先，在制定考核办法的过程中一定要团队成员参与进来。对于绩效管理而言，制定考核办法是至关重要的，其中让所有团队成员参与进来也是至关重要的。若所有团队成员在制定考核办法的过程中就能全力协助完成的话，他们就会在该过程中表现出更强的责任感。

其次，单独和每个团队成员谈话，一起讨论考核办法。如果全员会议没有讨论出有效的结果，管理者可以选择和每一位团队成员进行单独

谈话，协同制定考核办法，并就该办法与相关人员达成一致。

最后，如果你的团队到目前为止还没有任何职位描述的话，你可以采取这样的方式：让每一位成员参与进来，将其工作职责一一罗列出来，然后将其转化成为“产出”。这种“产出型”职位描述的制定过程很简单，团队成员只需要回答下列问题就完成整个制定过程了：“在我们实现这一目标的前提下，你预计将会产生的结果是什么？”“你怎样才能知道自己是否达到这一目标呢？”……在通常情况下，这些问题的答案往往包含着关于衡量方法的信息，而衡量的角度包括：

数量，也即“多少”；质量，也即“达到了什么标准”；时间，也即“截止到什么时候”；成本或收入，也即“多少钱”。

这样做还有一个积极的作用，那就是管理者可以将员工们所列的“产出”作为基础，制定立足于结果的培训项目。这样一来，一次名叫“保证客户满意度”（产出型）的培训项目极有可能会区别于“为客户提供服务”（投入型）的培训项目，而前者的高效程度将会高出后者许多倍。

到这里，文章开头的故事结局也就不难想象了。乔伊最终还是在企业的其他部门担任职务，而他原来所在岗位一直处于空缺状态。因为汤米和企业都知道了“产出”的重要性。

加强团队协作，确保全员参与

作为一名管理新人，你如果想要获得成功，不仅需要自己努力，还需要整个团队携手共进，勇往直前。只有团队所有成员对团队目标达成共识，并愿意为之付诸努力，才能实现团队内部的良好合作。同时，合作能力、责任感以及其他实现目标必需的资源和技能都是不可缺少的因素。

我们可以通过下列四个步骤，实现团队合作的加强：

1. 明确你面对的是团队还是群体

就团队而言，我们需要明确以下内容：

第一，你所拥有的是一支团队，而不只是一个群体。

管理者常常会浪费大量时间尝试在下属中建立起团队合作关系，但这些人的工作并不需要他人的合作，更不需要组成一支团队。这些人的职责分类截然不同，并不需要依靠其他人才能实现自己的工作目标。

第二，团队与群体之间的区别。

群体是一支至少由两人组成的队伍，这些人相互合作，工作目标密切相关。然而，这些人中的大多数并非需要依靠群体中的其他成员才能实现自己的工作目标。就像是一个组织中的“顶级团队”，这支所谓的“团队”实际上是群体。因为在这个群体中，每个成员都对应着明确的职责范围。虽然可能他们所有人都竭尽全力地朝着“企业成功”这个共同目标不断努力，并且，在实现目标过程中需要一定程度上的合作，但在通常情况下，这些人中的大多数不需要借助于“顶级团队”中的其他成员就能够很好地履行自己的工作。

与之相对，团队从客观上来说也是群体，但同时还具有以下三个区别于一般群体的特征：

一是团队中的每一位成员要想完成自己的工作任务、实现工作目标，必须依赖彼此之间的合作；

二是团队中的每一位成员在团队中的职责都很明确；

三是甚至有的团队目标建立在所有团队成员共同合作的基础上，也即，在一个团队中，一旦某位成员无法完成自己的工作任务，不仅会影响到自己的工作目标，还会对整个团队的工作目标有着很大的影响。

正是因为以上的三个特征，在团队中，团队成员彼此之间的互动方式才和群体成员不同。

下面，我们可以通过板球和足球比赛来区分群体和团队。这两项运动规则虽然不尽相同，比赛方式也不同，但都可以称为“团队运动”而非“群体运动”，下面我们来分析一下它们作为团队运动的共性。

在板球和足球运动中，基本游戏规则是：每位成员都必须要击球或碰球，团队的目标是积极跑动，而不是积极防守；每位成员都必须要能够发球和接球，也就是说，所有成员必须在一定水平上做到手眼协作，而且团队的目标就是尽最大可能减少队员跑位；为了让团队能够获胜，有些成员不但要具备发球接球的能力，还需要其他的一些特殊技能，例如，在板球运动中，不仅需要板球投球手，还需要捕手。

在这两项运动中，队伍中的所有成员只有在彼此间充满信任的基础上，才能更好地达成自己的目标，从而为团队取胜贡献自己的一份力量。

以此为例，我们便可以判断现在的情况下，自己的队伍更多是需要团队协作，还是群体工作。

第三，区分团队和群体的重要性。

如果你一直持由下属构成的就是一支团队的观点，或者坚信根据自己现在的情势需要的是团队协作而非群体工作。那么，你就会发现，在下属所组成的团队中，自己所扮演的领导角色十分重要，自己的角色发挥将会对团队的成功起到至关重要的作用。

但如果你在考虑过自己目前处境的前提下，认为把自己的下属组成一支团队并不那么必要，那么作为管理者的你，就需要发挥完全不同的作用了。你需要具备作为一名团队领导者需要的人际交往的技巧，并且以一种不同的方式发挥出来。正如下文所述：

在工作的过程中，更多的或许是发出指令，而不是征求意见，将观点统一。

每次会议的内容更多立足于信息的共享，而不是协同解决问题。

可能不会那么频繁地召开会议，因为亟须解决的问题并没有那么迫切，而且所有人面临的问题也不尽相同。

其中最重要的是，你更多时候会和成员一对一地进行交流，而不是一个人面对整个群体进行交流。

2. 团队领导者的角色定位

你必须明确：你想在团队中树立怎样的榜样？你自身应该成为怎样的领导者？如果你自己都不明白作为团队领导者所要扮演的角色的话，那么你的团队成员将会比你更加模糊。

3. 明确现有团队的等级

在明确自己所带领的是一支团队的基础上，我们可以进一步讨论实质问题了。

嘴上不停地说着团队合作，但实际上并不一定能做到，因为口头上的表达离实质上的效果还是有很大的差距的。想要实现团队合作，首先要能把团队详尽地向他人描述出来。而你的倾诉对象可以是你渴望合作的对象、并肩作战的伙伴，也可以是团队中的任何好友。你可以选择问答的方式来进行描述，也即在一张纸上写下自己的答案：

团队组成成员是……

团队工作目标是……

团队实现目标的方式是……

现在，团队所面临的挑战是……

在我心目中，团队是……（成功的；从某种意义上讲是成功的；不太成功）

原因是……

如果可以，我将会给团队下一个定义，是……

即使是第一次向其他人描述自己的团队，也将会对团队领导者明确对团队的真实想法有所帮助。这样一来，你自己就会更加确定团队的现状和未来的发展方向，并以此作为基础，即使你的团队已经表现得十分出类拔萃，仍旧无法阻止你带领大家奋力前进。

在回答以上的问题，并与自己的合作伙伴、朋友或者同事分享之后，你应当直接向团队内部进行描述。对于团队的发展和团队合作而言，这样的描述以及团队成员的反馈都意义非凡。同时，通过会议的形式来分享彼此的看法，还能够让团队所有成员看清彼此对这个团队的态度，包括对团队具体的工作内容、发挥的职能以及整个团队所面临的挑战。

4. 确认团队中的所有成员都融入其中

经常会看到很多主管、经理或团队领导者怨声载道，因为他们所带领的团队并没有朝着既定的目标发展。这种情况之所以会出现，或许正是因为领导者本身在沟通方面存在缺陷，或者缺少指令，亦或者团队成员缺少进取心。

根据企业领导水平委员会（Corporate Leadershiping Council）的一次研究结果显示，在来自世界各地的5万名样本对象中，仅有11%的人自信能够专心致志地工作；76%的人表示对自己当前的工作兴趣不大，或感到很乏味；剩下13%的人认为当前的工作极其无聊。

当团队中的大部分成员对当前的工作兴趣不大或感到乏味，那么团队目标自然难以达成。因此，确定团队现在的状态或者外在的表现，让所有团队成员参与其中，是实现团队合作发展的基础。

企业领导水平委员会在对大约300家鼓励员工积极参与战略的企业进行研究后，对如何提升全员参与度，总结出如下策略：

明确目前企业所面临的最为严峻的挑战；

明确一套战略能够让管理者和一般员工都参与到企业的工作中来；

尽可能创造机会，确保员工对企业发展的积极参与；

创建一套参与机制，保证每一位员工对企业的充分信赖；

为确保工作的持续改进，将一段时间团队成员的参与程度作为考量基准。

对于管理者应该如何在自己的团队内部提高团队成员的合作程度，我们还可以做到以下几点。

第一，明确外部竞争。

团队所有成员如果共同面临着相同的威胁，那么将会呈现出最佳状态，成为一支团结紧密的团队。譬如，这种情形在企业并购的时候将会发生效力。在收购或者合并企业之前，企业的员工之间的状态可能会像一盘散沙，彼此之间并没有多少交集。但在突如其来的外来威胁面前，特别是这个威胁很难解决的时候，他们将会专注于可以应对的部分以及彼此之间相互交集的部分工作。这样看来，外来的力量将会成为企业所有成员的共同对手。继而他们将会相互联合，形成一支团队，团结一致，共同协力对抗外来威胁。

团队成员如果共同面对着来自正面的压力，就会迅速凝聚在一起，成为一个有机的整体，并呈现出一种高效率的状态。而其中，正面的压力可能包括赢取比赛，或者营造一个优秀团队的形象。作为团队的领导者，你可以通过明确外部环境威胁因素，或者共同的机遇来提高团队成员的参与度，使团队更具凝聚力。

在理想的团队组织中，领导者和他所带领的团队成员应该意识到团队可能面对的外在威胁和机会。

第二，使个人目标与企业的目标方向相同。

签订一纸合同，或者让所有成员站在一起高唱公司的赞歌，就能保证成员在工作中全力以赴吗？虽然在很多企业中就有这样的情形发生，事实上未必需要如此。领导者要使团队成员的价值观保持一致，同时还要使个人目标与企业的目标方向相同。如果这一前提没有实现，那么再谈论价值观也是枉然。

第三，让挑战充满诱惑力。

团队成员如果在一个死气沉沉的工作环境中工作，根本就不可能完全投入。在过去的半个世纪里，相关研究人员对这一问题进行了多次研究，结果均表明，如果想要调动团队成员的积极性，就必须让工作富有挑战性和趣味性——保证每个团队成员在工作的同时，都能感受到其中的意义，以及发现自己的兴趣所在。采用一切可能的方法，也可以通过向成员征求意见的方式让所有成员参与进来，保持工作的诱惑力。

除上面所述的几点内容之外，领导者还需要制订相应规划和管理方案，为调动大家参与的积极性和配合程度奠定坚实的基础。

领导者的目的正是要把自己的团队打造成为整个企业中最具有市场价值的团队。在其他管理者想要挖墙脚的时候，他们就会明白其中的重要性。一旦建立了这种团队文化，人们就会排着队想要成为卓越团队中的一分子。

实现有效的激励

1. 激励下属第一步——认可

每个人都希望自己能成功。平时，我们也会代入某些运动员、演员或艺术家的角色中，当这些人取得成功的时候，我们也会欢呼雀跃，沉浸于成功的喜悦中。工作上也是一样，我们希望自己的工作能取得一定的成就，希望自己所在的企业不断发展。而最让我们欣慰的是，当我们做好某些有意义的事的时候，所做的贡献能被他人发现和肯定，特别是自己所尊敬的人，这样的认可甚至可能是一个人一生的追求。

早在 20 世纪 40 年代，劳伦斯 · 林道尔就曾做过一项研究。在该研究中，被采访的主管及其下属需要回答“员工的激励因素是什么”这一问题，研究的结果令人感到非常意外。员工将其首先定义为“出色完成工作时，给予认可”，其次才是“参与感”。然而，主管们却选择将“给予认可”和“参与感”这两项分别排在了第八位和第十位。在他们看来，员工最终是薪酬问题，是工作保障，其次才会是晋升机会。

事实上，认可、表扬在很短的时间内就能完成，不会产生任何成本，但却会给予我们无穷的动力。正如著名的管理学作家罗莎贝斯 · 莫斯 · 坎特曾经说:“报酬是被雇用者的权利，而认可则是来自雇用者的礼物。”

各位管理者可以做一下下面的小测试。

在过去的一个星期中，你是否曾有过下面的行为：

向别人诉说自己在工作中的出色表现；

发现工作表现出色的员工；

在取得成绩的时候，没有和团队成员抢夺功劳，而是将胜利的果实和大家一起分享；

就自己所取得的成就向他人表示感谢；

将自己从别处听到的表扬转述给下属。

你需要经常做这些简单的事情。只有这样，员工才能感受到你对他们出色的工作表现的认可。但现实中，很多领导者往往会出于个人原因或者企业原因，而无法按照上述方法来进行。

其中，个人原因在于，很多人在当面表扬别人的时候往往会感觉到尴尬，觉得有些不好意思，或者是想当然地以为这些都是别人的义务，并没有必要去赞许或表扬。

而企业的原因，可能是出于企业文化因素的考虑，它会让领导者们在表扬别人的时候望而生畏，或者一些技术因素让领导者无法对其他人的工作给予认可。例如，科技已经发展到了可以改变我们工作方式的程度，邮件和文本已经取代了人与人之间的直接交流，这使得我们难以发现别人出色的表现，一旦看不到，就更不可能去表扬了。

激励往往并不是不能做，而是不去做。

管理者可以尝试采用下列六种方法，使表扬他人成为自己的一种日常生活习惯，并有效地激励下属。

一是积极发现他人出色的地方，并就此大加赞赏。

二是善于也乐于认可别人，并让自己的表扬能被别人看到，因为这是一件非常简单的事情。

三是和其他管理者进行经验交谈，就表扬优秀员工的方式进行探讨。虽然这件事看起来可能会很艰难，但是会让人受益匪浅。

四是对于下属出类拔萃的表现，如果觉得当面表扬会有些尴尬，可以采用邮件或文字方式。

五是鼓励团队成员彼此之间互相表达谢意，同时鼓励成员向领导汇报其他同事的出色表现，并上报给上级领导。

六是致力于构建一种表扬文化。管理者对员工，以及员工之间高频率、及时地对出色表现提出表扬，虽然没有必要被写入公司的规章中，但大家可以通过潜移默化的方法将其转化为企业文化的一部分，让表扬成为日常工作的一种习惯。

另外，表扬必须要发自内心，一般来说，虚情假意很容易就能被人识破。并且表扬行为不能无缘无故地发生，只有在对方工作表现确实优秀的时候才可以做出。

2. 除了认可，运用其他调动对方积极性的因素

作为一名管理者，你是否会有意识地去为自己的下属创造使其干劲十足的条件呢？通常情况下，管理者都会以忙碌作为借口，将创造条件这件事丢到一旁。这其实是非常不利于团队管理的行为。

作为管理者，可以这么做：

回顾一下，自己在工作中表现得干劲十足的经历；

明确自己的动力来源；

在一张纸上整理出所有的原因；

为给下属创造上面总结出来的条件制订计划。

沃顿商学院一位教授总结过去20年里的经验，在管理发展论坛上为管理者提出了这样的要求，并让其根据工作中遇到的具体情况，总结出调动员工积极性的因素。通过比对，看看日常所采取的调动下属积极性的机制是否与反馈得到的因素相差不大。这些积极因素包括：

自主权：让那些对项目真正感兴趣的员工们掌握对于整个项目或项目的某个方面的自主决定权。

成就感：能在自己所从事的工作中看到积极的结果。因此，领导者需要确保员工所从事的工作可以衡量，并且最好可以由团队成员自己进行衡量。

责任感：让员工参与到目标的制定过程中来，通过引导使其对自己所完成部分负责。

认同感：在员工取得一定成绩的时候，加以表扬认可。

发展机会：提供能让他们的专业技能得以发挥的机会和条件，使其能最大限度地发挥自己的知识和能力。

然后，再归纳出一些对员工积极性产生消极影响的因素。通常情况下，这些因素会让人恼怒，而使得原本士气高涨的工作环境变得死气沉沉的。这些因素包括：

相比没有对员工的辛勤努力做出积极认可的领导者，那些总是坐享其成，甚至抢下属功劳的领导者，更加让人厌恶；

相互之间缺乏合作，团队就像一盘散沙；

领导者总是用降职、解雇来威胁员工；

相比于其他公司或其他行业的员工，薪水毫无竞争力。

3. 兼顾“激励因素”和“满足因素”

我们可以重新再审视一遍根据管理者的反馈总结出来的积极因素和消极因素。不难看出，在管理者描述自己干劲十足的工作经历时，完全印证了美国行为科学家弗雷德里克·赫茨伯格在双因素激励理论中所归纳的激励因素，即工作本身、认可、成就和责任。而同时，当谈到最让自己恼怒的要素时，在反馈中出现了两个满足因素——金钱和上司的管理方式。

实际上，激励因素和满足因素同等重要，并没有高下之差。前者能够充分调动员工的积极性，但一旦员工觉得在某种角度上，某个满足因素出现恶化或偏差时，他们就会变得不再那么积极，甚至会产生失落感。譬如说，在员工干劲十足的时候，发现自己的工资在行业内并不高，或者在这份工作中没有发现安全感，这时候失落感就会乘虚而入，那些激励因素就会失去作用。

我们可以换个角度来讨论这个问题。满意因素并不能直接带来员工的积极参与，但能让员工保持在某个平均水平上。因此，无论管理者在满意因素方面下多大的工夫，员工还是不会更加积极地参与进来。在此基础上，加入激励因素才能让其上升到积极层面。

管理者应该不断地在激励因素和满足因素两方面多加注意，这样才能让员工的积极性得以提升，从而达到最初的目的。

第四章
建立非职权影响力

成为一名卓越的管理者，一个举足轻重的因素是：能否在自己不具备职权的情况下，调动其他人员来完成一项任务，这些可供调动的人员包含你的领导、同级管理者、同事、客户及合作伙伴……领导力即影响力，建立非职权的影响力对领导工作至关重要。

领导力即影响力

德林在一家金融公司任职副经理。她是摩尔遇到的最聪明的人，知识渊博，学富五车。假如你与她的意见相似、兴趣相投，她便喜欢倾听你的谈话；假如和她的意见背离，她则会和你不断争论，毫不动摇地坚持自己才是正确的。当然，她也会经常举出事实或数据来证明自己的观点，假如你还心存疑虑的话，她就会很快表现出一种“不屑一顾”的神情。同时，德林的耐心相当有限，假如对方发表的意见不能和她的想法保持一致，她就会很快变得不近人情。你会发觉到她完全没有考虑你所说的话。最后的结果就是，德林很少说动别人，或者影响到别人。人们也许会因为她的聪明能干而对她表示尊敬，可同时人们也会对她望而生畏，经常刻意地和她保持一定的距离。德林也能感觉到大家对她的淡漠，因此她把自己封闭起来。若非抓到一个机会去想要改变别人对她的看法，她就会一直困守在自己的世界里。可是她所有想要影响别人的举动通常都是舍本求末，因此很快就不再有所坚持。

回过头来说说伊莎贝拉。伊莎贝拉和德林是同一家金融服务机构的同事。她是个培训经理，最近刚成功地说服公司每年在培训方面多投资200万美元。为了达到这个目的，她花了长达两年的时间来四处说服别人。刚开始，伊莎贝拉建议高级管理人员提高工作人员培训方面的投入时，对方的回答不容置疑："以从前的经验看来，培训是浪费时间的表现。人们会使用自身的力量，或通过其他同事或主管的帮助，收集自身必备的知识和技能。"尽管上级的答复让伊莎贝拉有点失望，可是她并没有放弃，反而从容坚定地采取一切办法继续下去，最终让别人的看法有所改变。

伊莎贝拉做的第一件事就是和高级管理人员进行会谈，征询他们刚进入公司时的培训经历。她询问了对方很多问题，然后很有兴趣地倾听对方的回答，很快她就确定了哪些培训产生了消极的作用。她还让他们描绘自身在未来两年中想要达到的商业目标。以此为根本，伊莎贝拉进行了一次相当有成效的演说，这次演说包含了很多新颖的、行之有效的培训策略，并提议公司应该采用这些培训策略来提高公司的收益。伊莎贝拉还相当小心地比较了其他公司的培训项目，重点说明这些公司是怎样利用培训投资积极创收的。而这一次，她得到的反应开始变得积极了。尽管高层还是没有开出保票，可是他们允诺在下个季度的财务报告出来之后，会认真参考她提交的方案。

简单说来，高层将这个方案搁置了一段时间，过了几个月后终于开始认真思索。在这段时间里，伊莎贝拉一直在开展其他项目，但依旧会时不时地和她的上司会面，询问自己的方案到底推进到什么环节了。一年之后，高层管理人员终于相信伊莎贝拉的方案有很多值得参考的内容，可是他们为培训项目拨出的资金数额和伊莎贝拉的期望值仍差距很大。尽管如此，伊莎贝拉还是相当感恩地接受了这“毛毛雨”。靠着这些资金，她开展了一系列试验性项目，并广受欢迎，她也收集到了珍贵数据来支持自己的方案。最终，高层意识到了培训的实效性，终于满足了伊莎贝拉开出的全部要求。

在上述例子中，德林依靠的是自身的技能，而伊莎贝拉采用的则是一种全面性和战略性更强的、思考更加完善的策略。从中，我们会发现，两大因素决定了人们影响他人的能力：

一是人们在和他人打交道的过程中表现出来的行为——你有没有注意到德林和伊莎贝拉采取的行动，还有这些行动造成的影响？

二是人们采取的影响策略，包括短期策略和长期策略——只有伊莎贝拉结合了长期策略和短期策略；德林只是肆意而为，没有采用任何策略。

除了人们与生俱来的人格魅力以外，行为就是一个人最真实的代言，也代表着一个人影响他人的能力。有时，这些行为和人格魅力之间毫无联系。

人们能够清楚认识自身所具备影响他人的技巧和提高自己影响力的能力。你需要做的只是更为合适地采用这些技巧，特别需要突出强调“从实际出发”这一点——因为在一些特定的情况下，不同的技巧产生的效果也有所不同。

如何让影响力带来最大的利益

有人曾经说过这样的话："只要你观察那些善于影响别人的人就会发现，他们通常会得到一个附赠的好处——经常会在不知不觉间让别人向他们靠拢，原因在于他们传递给身边人一种'只要他们在，所有的问题都能得到解决'的信念。坐在办公室里毫无对策，只能求神祈祷保佑事情发生转机可不是他们的作风，当然他们也不会抱怨自身缺乏能力，更加不会责难他人没有提供帮助。他们善于发现工作中需要改善的地方，接着一马当先地动手解决问题。"

那么，到底该怎样影响别人呢？

资深人士认为，最初运用自身影响力最管用的方法就是在交际行为中多使用一些破冰手段，像反思型行为和提问型行为。使用这些技巧能帮助你轻松进入他人的世界。这样一来，你就有机会使用自身的影响力去影响对方，由于你明白对方的兴趣和想要的到底是什么，在交际的过程中能够切实从这些兴趣和需要启程。

假如身边有人正饱受某个问题的折磨，你就可以开始反思型行为的训练，首先你要做的是和他们展开谈话，专心地倾听对方想要表达的信息。对此，你需要做到以下六点：

一是真心诚意，专心倾听，不要随便下结论，也不要迫切地表达自己的观点；

二是倾听的过程中要有所回应，比如使用"嗯""好的""我明白了"

等，或者以点头的方式来告诉对方你对他所说的内容相当有兴趣，激励他继续说下去；

三是在适当的时候重复一遍对方的话；

四是理解对方说的话并说出自己的认识；

五是询问对方就这个问题的真实感受；

六是用自己的语言把听后的感觉反馈给对方。

假如发现对方与自己的意见相背离，你可以尝试使用以找寻事实为目的，而不要用不给对方台阶下的方式来获得信息，对此，你需要采取的应该是如下的方式：

一是以“怎么”“什么”“什么时候”“哪里”及“为什么”开头问问题；

二是合理使用开场问题和结尾问题；

三是所提出的问题应该以找寻事实为目的；

四是就提出的建议或观点的原因或理论跟对方交换意见。

此外，人们可以从和他人的讨论中，增加实施反思型行为和提问型行为的频率入手，打造属于自己的人际关系平台，再制定相关安排并进行维护，具体如下：

一是打造人际关系平台绝对是一些人的拿手专业，你需要和这些人经常联系，由此扩充自己的关系平台，他们会帮你做到这个地步。

二是在打造关系平台时投入全部的精力，你需要记得的是，建立人际关系平台的原则之一就是不间断地付出，现在开始，你必须为此投入更多精力。

三是假如有些人让你念念不忘，甚至还曾经请你一起喝咖啡或共进午餐，赶快和他们取得联系。

四是跟你的上司索要公司其他部门人员的名单，一一打电话给他们，再安排会见。

五是安排你自己和部门或公司的重大客户、供应商进行谈话。

六是按时参与专业或行业活动，在每次活动中都坚持和至少两个人取得联系。

七是选择参加特别兴趣小组，假如你的时间不允许，可以主动邀请他们在聚会上展开交谈。

八是每个星期为你的人际关系资源增加一名新的成员。

九是将你的关系资源进行分类。在你开始开拓自己的关系资源时，必须要留意到内部人员和外部人员的平衡，这一点是相当重要的。

还能将你的关系资源中的人分成以下几个类型：

任务 / 技术 / 专业型：帮助你增加专业知识，提高你在本行业的声誉。

事业型：帮助你在自己的事业上开发潜力。

社交型：帮助你更好地生活。

十是保证你的关系资源在内部、外部之间和任务型、事业型、社交型之间达到均衡。

如何在面对问题时采取正确的影响策略

1. 确定自己面对的是情感型情形还是事实型情形

为了让自己的影响技巧更加有效，管理者需要采取的第一步就是明确自己面对的是哪种情形。

为此，你需要知道：你想要影响的对象对这个话题抱有的是哪种情感。他们是忧心忡忡还是兴高采烈，是悲伤得难以自制，还是喜悦得情不自禁？此外，你本人对这个话题怀有怎样的情感？例如你是不是也需要满足自己内在的基本需要？

如果双方对这个话题都非常敏感，那么就可以确定，你现在面对的是情感型情形。

如果你们双方觉得这个话题是关于事实的，也就是说，逻辑和推理凌驾于情感之上，那么摆在你面前的则是事实型情形。

正如大家猜想的一样，应对情感型和事实型情形，需要采取截然不同的影响技巧。

例如，假设你已经为人父母，你想让自己七岁大的小孩把自己的房间收拾干净。就算你说尽世上所有的道理，孩子还是会无动于衷。如果他不想打扫房间，你再怎么讲理也没用。虽然有些父母指导手册鼓励父母多和孩子们讲道理，但是经验告诉我们，这种情况下，事实型方式是没有用武之地的，我们应该采取的是情感型方式。

但是，你让孩子收拾房间时采取的坚持方式，在面对上司时肯定不会派上用场。如果你想让上司批准一项预算，固执己见会产生适得其反的效果，上司不仅会否决这项预算，还可能会直接解雇你。

2. 如何应对情感型情形

对于情感型情形，最有效的行为是：

反思型：真正倾听对方所要传达的信息，需要注意的不是对方具体说了什么，而是对方真正的情感。

坚持型：以一种强势的口吻来阐述自己的需要和期望。

实施这两种情感型行为的场合是截然不同的。例如，如果某个人因为个人问题来找你，你可能会实施反思型的倾听行为。但是，如果你想要达到某个目的，想要满足自己的某种需要，就需要实施坚持型行为。也就是说，第一种针对的是对方的情感，而第二种照顾的是自己的情感。实施不同的行为来巧妙应对不同的情感型情形，才能真正达到目的。

3. 如何应对事实型情形

针对事实型情形，最有效的行为是：

提问型：提出的问题不是为了发表某些观点，而是从对方那里收集信息，进而发现事实。

建议型：阐明自己的要求，并通过 2—3 条有力的原因来支撑自己的方案或建议。

一方面不管什么时候，只要你提出的是开放性的、不带有任何恶意的问题，实际上都是在实施提问型行为。例如："针对你的方案，我想要了解得更深入一些。你为什么会提出这样的建议？"

另一方面，不管你什么时候做了推荐，或是提出了一个提案，乃至仅仅是一个建议，你都是在实施建议型行为。如果你的建议是有强有力的，那么就会产生更大的影响。例如："在整个市场上，只有这一个系统达到了这些要求。”

综上所述，为了在日常工作中更加有效地发挥自己的影响力，管理者需要：首先，确定目前的情形需要实施情感型还是事实型的行为；其次，针对具体的情形选择最为合适的情感型或事实型的行为。这一切听起来似乎非常简单。但是，我们总是会偏爱反思型、坚持型、提问型和建议型行为中的一种或几种。这可能是因为这种行为我们用得轻车熟路，或者觉得用起来更加舒服。但实际上，这四种类型的行为只有针对特定情形才能一显身手。如果我们总是一味地实施同一种行为，或者在不恰当的场合应用了自己偏爱的影响行为，都只会让自身的影响力无法发挥作用，甚至造成负面影响。

4. 短期策略与长期策略的选择

除了行为之外，管理者还可以，或者说应该采取一些策略，对不同的对象或情形产生影响。那么，我们到底是制定短期策略还是长期策略呢？

有些策略可能非常具体，就是为了应对某个特殊情形而专门设计或开发的；而有些策略可能比较宽泛，其目的只是帮你在公司树立形象。

你的短期策略会收到怎样的效果，和你在与他人讨论这些策略的过程中实施的行为密切相关。例如，在上文提到过的伊莎贝拉的故事中，当她的最初方案被驳回后，她建立了一个新的策略，从而让自己的方案得以通过，这些策略包括：

和高层管理人员进行谈话，询问他们刚刚进入公司时的培训经历；询问高层管理人员，让他们描述自己在未来两年中想要实现的商业目标；以这些反馈为依据，提交包含了很多更新的、更加有效的培训策略的方案；建议公司应该应用这些培训策略来提高自己的收入；比较其他公司的培训项目，重点讲述这些公司是如何利用培训投资积极创收的。

当高层并没有完全接受伊莎贝拉的新方案时，她对自己的策略进行了以下调整：

时不时地和自己的上司碰面，看看自己的方案到底进展到哪个环节；进行了一系列试验性项目，这些项目大受欢迎，同时提供了第一手数据来支撑自己的方案。

那么，我们可以看出，短期策略可以帮助领导者寻找漏洞。如果你遇到了一个特定的情形，想要影响最终的结果，就应该专门为这个情形制定特殊策略，这一点是至关重要的。其中的一个好办法就是问自己两个问题：

如果我的方案被否决了，可能有哪些原因？

对于这些原因，我应该如何应对？

你当然也可以这样做：

问问那些信得过的同事，看看他们对这些问题到底有怎样的看法。如果他们遇上了同样的情形，会怎么办。或者是邀请可能会对你的方案持反对意见的人，让他们在方案提交之前找出其中的漏洞。他们的反馈可能会让你喜出望外。这样做，可能会让这些人在你最终递交方案的时候，和你站在同一个阵营，因为最终方案不可避免地会融入他们的建议。记住一定要实施开放式的提问型及反思型行为，这样才能保证可以获得对方关于自己方案全面的看法或感觉。在这些新信息的基础上，你就可以建立一个相对全面的方案，那么这个方案被采纳的可能性就大大提高了。

另一个方面，可以看出，长期策略在建立及维护自己的人际关系资源方面有着非常重要的作用。长期策略决定了你在公司内部的影响力。

有这样一种说法，“你就是自己所认识的人的综合体”。换句话说，如果你在公司内部和社会上与他人都保持良好的关系，那么你的影响力就会大大增强。在你需要帮助、指引或建议的时候，就能依靠自己的影响力实现积极的调动。一般来讲，只要向他们寻求帮助，他们通常都会积极地响应你的召唤。

第五章
组织目的明确的高效率会议

成功的领导者要拥有管理会议、带领团队进行决策的能力。为了解决企业在运转中发生的一些问题，领导者需要团队成员集思广益、出谋划策。一方面，团队成员参与到会议中来，间接提高了团队的向心力和凝聚力；另一方面，目的明确的高效率会议可以使团队成员明确自己的责任，增强执行力。

团队决策模式决定会议效果

1. 团队决策模式有哪些?

有人曾就团队决策问题进行了研究，他们发现，在团队中经常发生的一种现象：团队管理者让成员找到难题的解决方案，可是当团队成员历经千辛万苦找到解决办法时，却发现领导最终的决策与自己的建议截然相反，结果一个决策破坏了一个团队的凝聚力，使得一个上下齐心、通力合作的团队变成一盘散沙。

这种情况之所以频繁出现的原因在于两点：

一是企业的管理者并未认识到团队决策的重要性和本质；二是管理

者没有对问题发生的背景原因有所重视，只是按照自己的意愿来选择喜欢的决策方法。

研究人员发现，团队的决策过程实际上是一种一环紧扣一环的链式反应，链条左边是“领导决定一切，他不喜欢和团队其他人员商量意见”，而链条右边是“让所有人取得一定共识的双赢决策”。从左到右共有七种团队决策方法：

独裁式：领导者一般独断专横、我行我素，很少和团队成员展开讨论，或者根本没有任何讨论。

协商式：当团队协商有了结果，领导者会参考协商结论来进行决策。

专家式：无论团队的协商结论如何，占决策主导的是团队的内部专家或外部专家。

折中式：用平均的方法来进行团队决策，比如使用数学方法对备选方案进行比较评估，结果采用平均值。

少数式：决策时总是由一些本身拥有高职位或者特别权力的人来决定。这种少数人通常是领导层或管理层。

多数式：通过多数人投票来确定结论，投票的方式可以是正式的，也可以是非正式的。

共识式：如果团队成员事先达成共识，则全数通过该决策。

在具体的应用中，以上每种决策方法没有高下之分，都有各自适合的决策情境。作为一名优秀的管理者，在实际运用中采取何种决策方法主要取决于以下几点：

第一，团队和自己面对多少时间压力？

第二，对整个团队来说最终决策到底有多重要？

第三，团队有没有足够的专业知识或能力来拍板最终决策？

第四，你希望多少人参与，哪些团队成员需要参与？

第五，最重要的是到底希望团队成员积极参与，还是只需要他们服从与妥协？

在上述七种团队决策方法里，“共识式”是最容易让所有团队积极参与到决策中的，而其他六种方法则会使团队成员出于对管理者地位的尊重，而产生不同程度的妥协。

倘若你非常看重团队成员的参与度，那么需要注意以下两点，它们决定了团队成员参与程度的高低：

认可你领导地位的团队成员有多少？

对所有相关人员而言，最终决策的有效程度是多少？

大部分管理学专家认为，共识式决策是团队决策中最为有效的方法，并且最能鼓舞团队志气。

另外，人们还发现共识式决策方法比其他六种决策方法更为严谨。看看陪审团的事例就会明白其中道理所在：在法律审判中，陪审团想要做出至关重要的决定，就需要应用共识式这种相对严谨的办法。一般情况下，法官会要求陪审团以充分细致地考虑的证据为基础来做出一致决定。

说到准确性，目前一项最新的研究是将法官对 48 起庭审的观点和评审团采用共识式决策法得到的结果进行了数据比较，结果发现，只有三起案件中法官和评审团的决议相左。

这也从侧面说明了，当一个最终决议是以准确、严谨及成员参与程度为衡量因素时，运用共识式决策方法才能得到理想的结果。

2. 帮助团队在会议中成功决策

帮助团队成功决策其实不像你想象中的那样复杂，具体做法是：事先通知自己的团队成员，把自己会采取的决策方法告诉他们，让他们明白决策的重点所在。举个例子，在某种条件下，假如你认为应该由自己做出决策，但又希望能听到团队成员的建议，以便做出最明智的决策，你可以先直接告诉他们你的决定，再由团队成员讨论利弊。此时你会发觉，这种方式，会使整个团队有更高的参与热情，他们会更加关心决策过程及最终结果。

以上所提到的这些内容听起来都是合乎规则、言之凿凿的。不过，让人有些郁闷的是，每个人都有自己偏爱的风格或方式，而且往往会在大多数情况下坚持自己的偏好。举个例子，某培训师经常给企业做培训，在长期的培训过程中，这位培训师结合自己的经验和他人反馈，发现自己比较喜欢共识式决策方法。作为一名企业培训师，他需要让每个团队成员为最终决策持续努力。这种决策方法与他培训师的工作性质并无冲突。尽管如此，这种方法依旧存在一些缺点。有时候，一些人会觉得这位培训师的管理方法不够雷厉风行，或者认为这种方法会浪费许多时间。可以肯定的是，每一种决策方法都有其局限性，这些学员的感觉也并非毫无道理，但单一方法的缺陷却又不可避免。

接下来，大家可以重新回顾有关团队决策的七种方法，并思考：

自己的风格是哪一种？这种方法是否适合现在的情况？

对此，你可以向那些见过你组织会议的同事咨询，也许可以安排他们参与到你组织的会议里。假如你在团队成员中拥有不错的名声，和团队成员的关系也够理想，那就能把七种决策方法推荐给他们，再征求他们的意见，就你使用怎样的决策方法这事听听他们的意见。

自己是否过度依赖其中一两种，忘记了其他更合适的可能性？

对自己的惯性方法进行评估，有个最简单的方法，你可以抽出一段时间，回想自己和团队成员共同参与的几场重大决策的会议过程，在会议中，身为领导者的你，使用了什么决策方法，以及你觉得什么决策方法使用起来驾轻就熟。

也有人提出这样的建议：在每次团队会议开始之前，都反复思考前几次用到的决策方法，再安排你在这次会议中进行决策时使用怎样的办法。如此一来，你就不会在你喜欢的方法中越陷越深。一定要记得的是：要让你的团队成员清楚你到底会选择什么决策方法，还有你采用这种决策方法的原因是什么。并且，当你决定了要使用的决策方法之后，就要坚持到底。

如何避免无意义会议

职场中有这样一个普遍存在的问题：为何如此多的会议都在浪费时间？

你大概从不同职位的员工口中听到过一些怨言：“现在坐下来谈论这些，完全就是在浪费时间，绝不会得到什么结果”；“还有很多其他的事情需要解决，真希望自己能快点从这里消失”……为什么人们会有大部分会议是在浪费时间的感觉呢？

实际上，这与管理者对会议目的模糊不清有直接关系。会议到底是为了表达信息还是处理问题，在会议之初，管理者必须搞清楚。

1. 低效率会议的特点

效率低下的会议具备以下特点：

会议上传递的消息其实能通过其他方式传递给员工；会议一直都是总结从前，并不是寄予未来希望；会议的主旨不确定，目的没有交代清楚。

为避免低效或无意义会议出现，管理者在组织会议时必须注意：

必须充分尊重团队成员了解实情的权利，没必要有所保留；清楚你的团队目前运转的情况；保证在安排最终决策之前，会通盘思考全部团队成员的意见；最大可能地发挥团队成员参与决策安排过程的积极性；处理也许会影响整个团队的问题；发挥团队成员的积极性，同时协助他们专心致志地完成手上的工作；充分发掘每一个团队成员的潜力，并向他们提供培训和自我发展的机会。

2. 信息共享型会议与解决问题型会议

（1）信息共享型会议

开展信息共享型会议的目的，是为了保证每个需要了解信息的员工都有机会听到他们需要的消息，并能对信息内容充分理解。

有关信息共享型会议，管理者需要思考三个要点：

会议有什么目的？什么人员需要参加？会议中需要传达的信息能否通过其他方式（如电子邮件等）传达？假如能通过其他方式传达，就没有开展会议的必要，如此一来，时间上的浪费就大大减少了。假如必须通过开展会议才能表达消息，那么会议的重点应放在未来上，管理者必须遵照下面的时间安排比例来组织会议：

20% 的时间花在关于过去的总结上，也就是让团队成员汇报消息或者工作结果；80% 的时间花在有关未来的展望上，也就是在相关信息的基础上，指明未来推进的方向。

在开展信息共享型会议时，使用上述“二八法则”有助于每个与会成员都参与到会议当中，而且在这个过程中领悟召开会议的意义。

当整个会议无法推进时，你可以尝试问：“好的，既然已经明白了这条消息，到底该如何处理呢？”或者，“已经明白了消息背景，到底现在该如何处理？”

当会议陷入沉湎过去时，这些问题能让人们的注意力重新回到未来上面。

（2）解决问题型会议

开展解决型问题会议的目的是为了将成员对某个问题的看法集中，让他们能够参与到解决问题的过程中去，也让他们可以专心致志地开展最终方案。考虑到这几点，组织解决问题型会议与信息共享型会议相比，要更加困难，它需要组织者开展更多的思考和安排工作。

组织解决问题型会议的一个优点在于，你能够通过这个经历来提升你的领导能力。几乎可以这样说，你越是精于组织解决问题型会议，团队成员就越容易认同你的领导地位。你的下级会从你组织解决问题型会议的表现来给你的能力打分。比如，他们或许会在私下询问这样的问题：

这个领导能不能让团队成员积极参与到解决和分析问题的过程中来？这个领导能不能尽心倾听每个团队成员的心里话，他是不是自以为是、顽固不化？探讨过程是否尊重每个团队成员的想法？这个领导能否抓住重点问题，并就这个问题有所解释，让每个团队成员都能明确地认识这个问题？这个领导能不能稳妥地处理会议流程中突发的冲突？这个领导是否经常对会议流程有所总结，帮助团队成员明白会议对什么内容展开了探讨？他对时间的应用效率足够重视吗？最后的决策能够改变成员的参与热情吗？……

对解决问题型会议来说，以下三个要点值得思考，处理好才能确保整个会议高质高效：

一是明确基本信息：这个会议有什么目标？哪些人员应该被列明在邀请名单上？成员需要处理什么问题？分析和解决问题的过程中需要与哪些成员产生关联？最终决策又需要哪些成员共同决议？

二是打算使用什么决策方法：要记得，假如是解决问题型会议，通常需要使用共识式决策。当然还需要思考，最终决策的过程中，你是否需要所有团队成员的参与。

三是如何安排这次会议：是你主持，还是由别的员工替代你主持，抑或是请求其余员工共同主持。

假如解决问题型会议把注意力放在研究过去的事情上，而疏忽了事情究竟该怎样处理，那么这次会议就完全失去了意义。不管从风格还是内容上讲，解决问题型会议都和信息共享型会议差别很大。在信息共享型会议里，作为团队的领导者，你对整个团队有全部的领导权，你需要传达一些消息，团队成员需要倾听和理解。尽管面对的问题不同，参会人员在会议上也会进行很多讨论，可是由于会议的目的是分享信息，因此所有成员都会认定你对话题讨论和整个团队拥有实际的控制力。只要你做出决策，他们通常会选择服从。

可对于解决问题型会议，你的功能更偏向于一个推动者，也就是说，你在推动一些行为的产生。成功组织解决问题型会议的重点在于管理者安排会议的形式如何，这与管理者自身的领导者地位一点关系也没有。

在切实讨论如何把控会议流程之前，人们应该认真研究有关“推进”这词的含义，因为你对这个词的看法会影响你安排会议的形式。

“推进”一般代表着：让事情变得容易；让事情变得可操作；让全部过程顺利；提供支持或援助。

作为领导者，你应当在推进某项活动时注意培养自身的领导者威信，对与到底该使用什么方法来发挥自身的领导作用做出决策。这一问题并没有统一的答案。你可以自己来促进全部会议进程，也能把这项任务转交给别人。也许有些时候，让别人在会议开展的某个环节发挥领导作用，而你在会议的其他环节发挥领导作用也是合适的办法。

管理会议流程，推进会议决策

1. 在正式开会之前，先让大家进入会议状态

向团队成员提出与会议密切相关的问题，让他们提前几天开始着手准备，填写自己的答案，并带上笔记记录会议。让每个团队成员在开会之前对会议主题进行思考，这不但可以让团队成员深入了解会议主题，还有助于他们在会议上提出更好的想法和见解。

下面针对三种不同类型的解决问题型会议进行了问题设定的举例。管理者可以在这些问题的基础上进行改进，让它们能够契合自己的会议要求。

第一，准备内容型和流程型会议问题。

假定一个客服部门需要征询同事的意见，看看怎样才能提高部门的服务水平，管理者应当提出这样的问题：

假如在过去的一年当中成绩突出，还从顾客那里得到了相当积极的反应，说明你们提供的服务在一年中一直处在先进水平。

你们实际进行了哪些工作才获得了今天的成绩？

你们面对着哪些问题和挑战？

你们怎样解决这些问题，怎样面对这些挑战？

第二，准备团队计划型会议的问题。

面对那些需要在会议上安排团队计划的情况，人们可以使用相似的形式来准备问题。比如：三年前，大家一起给团队安排了一个战略策划。

在当时的会议中，大家确定了团队的优势和劣势，还有未来三年面对的机会。另外，大家还确定了在通往成功的道路上可能遇到的威胁。现如今，三年时间过去了，尽管大家在实际的运行过程中需要不断做出改变，但是总体而言，整个策划的效果还是相当理想的。那么，在这一过程中：

你们利用了哪些优点，让方案在过去三年中实施成功？

你们发现了哪些缺点，又是怎样弥补这些错漏的？

你们发现自己的团队面临着什么机会？又是怎样最大限度地利用这些机会的？

你们在通往成功的道路上，遇到了什么威胁？你们当时使用了哪些决策成功地面对这些威胁？

在过去的一年中，你们怎样确定应该进行哪些改变，由此保证计划的成功实施？你们又是怎样进行这些改变的？

第三，准备员工工作能力培训会议的问题。

有关以培养团队成员工作能力为目的的会议，你应该把下面列举的问题进行修订，来满足自己的特别需要：

假如现在已经到了 11 月，你们在 8 月的时候召开了一次有关人员培训和自我发展的会议，打算通过这次会议让每个团队成员都能更好地操作新的系统。当时，会议由门德斯主持，他是他们企业内部的专家。

你们每个人为会议的成功做出了什么贡献？

你是怎样帮助门德斯成功组织会议的？

你们最后是怎样在衡量成功的标准上统一意见的？

没错，这种立足于培训团队成员工作能力的会议通常需要专业人士投放很多精力，由于在那些你希望自己的团队成员有所发展的方面，他们已经相当有竞争力了。你觉得自己的团队成员进步的空间越大，全部会议的指导意义越需要确定。假如提前跟参会人员提出以上准备问题，会为促进全部会议进行的发展打下扎实的基础。

2. 明确会议的流程

假如你第一次组织解决问题型会议，聚集了全部的团队成员。你被提拔为管理者，但是从来没有安排过这种会议。团队成员对你认识不够，并且之前也从来没有参与过这样的会议。在这种情况下，你就需要和团队成员开展讨论，明确会议推进者需要发挥的作用。在初次会议中，会议推进者自然需要由你来担任。但在之后会议中，你也许会让某个或某几个团队成员来负责跟进会议进程的任务。这样，第一次有关会议基本程序的讨论就相当重要。比如，你能够在会议刚开始的时候，就向团队成员提出以下的问题：

回想一下你参加过的会议和培训，思考那些让你觉得获益良多的会议和培训：

会议的推进者或培训者做了什么事情？

参与人员做了什么事情？

让团队成员尽快填写他们的答案，然后从中选择出你认为对全部会议最为重要的因素，可以从两个因素出发：从推进者的角度出发；从参加人员的角度出发。

把每个人的观点都列入参考，接着列出两份名单（最好采用活页纸，因为在以后的会议中也能够用到）。确保在整个会议进程中一直坚持你作为推进者建造的基本流程。一旦其他成员开始出现偏题的可能，就应当立刻用活页纸提醒他们，提示他们之前确定的那些基本程序。

将这份基本程序予以保留，方便在以后的会议中再次使用。开展每次会议时，你都要和团队成员确定一下，看看是不是所有人都同意这个基本程序，还是有些人想要进行一些调整。

慢慢地，你就会发现基本程序是多么重要。比如，在会议刚开始的时候就开展有关基本程序的讨论，这就寓意着在开始进入会议主题之前，就已经让整个团队参与到决策制定的过程中来。事实上，这个举动本身也涉及了流程管理这个有效组织会议的先决因素。

3. 在会议开始时就让与会人员参加到讨论中来

开场白要简洁明了，避免长篇累牍。简短的开场白之后，就果断进入有关基本程序的讨论中。必须要保证所有团队成员在会议初期就有参加讨论的机会。你会发现，那些外向型员工会立即参加进来，这时，你要尽快让那些内向型的员工也加入到讨论之中，这一点相当重要。为此，你可以主动对那些寡言少语的员工提问。

有关调动团队成员参与热情的三个方法如下：

第一，为了让团队成员最大可能地参加进来，能够让团队成员以小组为单位展开讨论，然后在整个团队范围内进行讨论或反应。假如团队的规模较大，这个方法的优点就会脱颖而出，因为这样做可以让每个团队成员在会议最初就能参加到活动中。比如，你能将整个团队划分成几个小组，再让每个小组开展有关准备问题的答案。让他们在五分钟之内列出三点内容，再向整个团队开展汇报。

第二，在会议进行时，应当征询所有团队成员的意见，再把它们全部列在白板上或活页本上。请注意，将所有团队成员的意见依次罗列出来是相当重要的。首先，每个人都能对别人的观点一清二楚；其次，这样做有助于吸引团队成员的兴趣，让所有成员专心一致，同时还能防止会议偏题。

第三，并非每个人都能够表现自己，并非每个人都能侃侃而谈，把自己的观点诠释得明明白白。开展准备工作对那些表达能力相对薄弱的人有所帮助——能够邀请全部的团队成员一起分享他们事先准备的答案，对整个会议贡献他们的力量。然后，你就能够帮助那些不善于表达自己的成员，采用提问的方式让他们就某个方面细致地说明他们的观点。

4. 采用提问的方式让成员开展积极的讨论

你应当先把这些问题准备好。通常情况下，建议大家准备能够在会议上提出的十几个问题。按照多年的经验，你在会议上不但要问出优秀的问题，同时还要防止被有些参会成员被问得无话可说。必须记得，你才是会议进程的促进者，所以团队成员也许会提出很多问题，在会议的全部过程中，成员的讨论会非常热烈。

除了你准备的问题之外，还有相当程式化的问题和话语，你一定要熟练。这些问题或话语不但能够帮助与会人员更加投入地参与到整个讨论过程中来，还能够让讨论的信息更加真实。

5. 常常对会议的进程有所总结

防止在会议的进行过程中偏题是相当重要的。这可以充分表现会议组织者优秀的流程掌控能力。

在会议进行中，把大家统一定论的观点依次写在活页本上，再把这些观点张贴整理，让所有与会成员都能够看见。这样，就可以让大家明白会议重点在什么地方，同样也能够总结会议内容。作为会议的推进者，你也能通过这个举动而取得一些益处。

6. 鼓励团队成员负责最终决策

假如所有与会人员都通过了一个意义深远并切实可行的方案。必须要确定这个方案，并以总结的方式依次列明在活页纸上。在每张活页纸上再增加两个竖行，一个竖行明确行动实施的具体时间，另外一个竖行明确行动实施的负责人员；在实施决策的过程中，最好让所有的团队成员都参加进来，这点是无须置疑的。在第一竖行，就是时间这行，让团队成员为每个目标的完成时间确定一个具体时间；假如全部团队成员都就时间达成统一，再让他们承担职责，确保决策中的条例都会得到实施，最后，把这些成员的名字填到“人员”这个竖行。在完成这个工作后，人们实际上就能够通过会议找到了处理某个问题的具体行动细则；应该把这个行动细则整理规划，形成书面文件，最后在会议结束后立即分发给所有团队成员。

必须注意，一定要防止避免“上级分配”问题，所有管理书籍几乎都在支持由团队的领导者给团队其他成员分配任务，但解决问题型会议能够让其他团队成员也有感受领导者职位的机会。团队成员能够使用这个机会，把自己的名字写进“人员”一栏，由他自己负责一个事项的具体操作。

身为团队的领导者，假如你在组织问题解决型会议的过程里，发现你的名字在“人员”这一栏的前三条中出现了三次，你就能够这样说：“好，我可以负责这三件事，但是其他的，不在负责范围之列。假如其他方面还需要负责，那就请你们自己去做这三件事。”

第三部分

领导层级

社会组织纷繁复杂，管理岗位职责多样，因此身处管理岗位的领导也是形形色色的。不同的岗位有不同的层级，不同层级的领导拥有的管理权也不尽相同。因此，针对不同的领导层级，必然要采取不同的领导策略。只要你身处领导岗位，就必须明白自己的管辖范围、拥有的权力以及领导方法。

第六章
初级管理层级：团队主管

实际上，初次担任团队主管想要取得成功需要一个重大的转变，即他们的工作成果不是通过自己亲自实施取得的，而是通过下属和团队的努力得到的。许多团队主管也许意识到这种必要的转变，可是从他们的行为表现来看，并没有适应这个过程。典型的表现是他们常常在自己擅长的方面直接介入下属的工作。或者，当他们不满下属的工作方法时，喜欢亲自去做，无形中与下属产生了竞争。

案例：转型团队主管

达利刚刚升任一家大型制药公司的地区销售团队领导。虽然达利很喜欢之前的销售工作，先前的工作有极高的自主性——大部分时间出差在各地，与形形色色的病人、医院管理者打交道，不用长时间坐在公司总部办公室，但他还是接受了公司提供的这个职位。

作为八人销售团队的管理者，达利将大量的时间花在观察销售员的工作、招聘和培训新人、与其他销售团队主管会议交流、写大量的书面报告（评估、报告等）等事务上。失去自主性让他感到难受，大量的书面工作更是雪上加霜，销售签单带来的心理满足感已经烟消云散。达利在领导的岗位上苦闷了两年，他的下属也倍感苦闷，原因在于当他们渴望得到指导建议的时候，达利并不能给予他们强而有力的支持。在指导某些销售人员处理客户关系时，他也不能把问题向下属们解释清楚。很多时候，他的出发点是帮助下属改正错误，但下属的防范意识让他感到挫败。最终，达利辞去了销售团队的领导职务，前往另一家公司担任销售代表。果然，在那里，他又重新获得工作自主性和薪酬的双重理想值。

事实上，达利在管理团队中所遇到的领导水平问题是有预防和解决办法的。如果他接受了正确的培训，掌握到领导岗位所必须的管理技能，他就会明白，作为一名团队领导，应该做什么，员工有什么期望。尽管达利也许不是天生的管理者，但如果他能够得到有效的辅导和帮助，还是有胜任团队领导一职的可能。当达利积累一定的管理经验之后，人就会成熟起来，工作理念也会随之变化。可惜的是，公司缺乏合适的培训机制来帮助他从“超级销售员”成功转型成团队领导者。

珍妮则是一个成功转型的典型案例。作为一家通信公司的程序设计员，技术工作以及创造性地解决问题带给珍妮极大的满足感和成就感。因此，她在从事技术工作时，显得异常自信和从容；但面对人际关系问题时，却不是很自信，容易不知所措。三年后，她被提拔为所在研发小组的团队主管。

与达利所在的公司不同，珍妮得到了公司为新任团队领导提供的培训机会，因此掌握了必须具备的领导技能，比方说怎样设计和分配工作。在和人力资源部门的合作中，她学会了招聘和面试新员工。然而这些培训依然有限。当上司命珍妮的小组开发新系统并施加了压力的时候，她忘记了自己是新任领导者，反而过多地掺和到下属的工作中，甚至要求下属天天就工作进展情况做报告，经常命令下属听命于自己，而非训练下属找出解决问题的方法。珍妮对管理者必须将自己的想法灌输给小组成员的说法深信不疑，并且认定如果自己参与程序编写，任何问题的解决都会易如反掌。实际上，珍妮的包办行为打击了小组成员的积极性，抢走了下属得到指导的机会。结果，他们不但没有在规定的时间内完成任务，而且开发的系统破绽连连。

珍妮的上司认为她在管理方面遇到了问题，开始为她提供相关辅导，还通过 360 度全方位评估来帮助她实现领导方式的转型。当听到那些过去非常熟悉又合作良好的小组成员诉苦，抱怨自己管得太琐碎、不擅长分配工作时，珍妮感到震惊不已，甚至小组成员的评价显示出自己的管理方式竟成了他们实现自己的目标的阻碍。得到的反馈使得珍妮以新的视角来看待管理问题。虽然在理智上她认为管理细致是正确的做法，但在情感上已经有所改变。根据教练的训练，珍妮开始明白怎样委托权力，并要求自己努力做到。通过教练辅导和测评反馈，她最终意识到，就像技术工作一样，如果把自己的技术专长连同领导能力相结合，帮助下属达成任务目标，也能带给自己一样的满足感。转型并不是那么容易的，珍妮花了好几个月的时间学习如何有效委托权力，让下属去分担重要的工作。上司发现她确实在进步，也给了她一定的时间、建议和鼓励，帮助她实现领导水平的提高。

新任团队主管在初次转型时会遇到哪些困难，公司又应该如何帮助他们转型呢？以上两个真实案例展示了新任团队领导是如何面临挑战和努力适应转型过程的，以及在缺乏领导必备的技能时又是如何开展工作的。从中可以看出，一个公司只是在口头上说这一阶段有多重要是绝对不够的。处在一个大部分都是知识工作者的企业，这种转变更加重要。

一名才22岁的年轻人今天是网络公司员工，也许明天就能成为一个公司的CEO。他并不需要几十年才能做到公司高层，可能只需要5—10年（或者更短的时间）就能做好准备。此外，知识性公司里的首任团队主管对公司的生产（有关成本效率和收入增加方面）产生相当大的影响。假如他们依然跟普通员工一样工作，其影响力就会降低很多。

为了转型成功，新人管理者必须明白在领导技能、时间管理能力和工作理念方面的新要求，还有怎样实现转变。依赖颐指气使、一意孤行，团队主管们无法调动员工的积极性来创造良好业绩。靠掌控信息来掌控员工的时代已经一去不返。现在，员工渴望知道过去被认为是少数人才能了解的消息，渴望能参与到制定决策的过程中。同时，他们也渴望在工作方法上获得一些自由。简单来说，就是在完成任务的过程里，他们不但需要指引也需要自主权。

领导者必须对此有清醒的认知，在职业发展方面，现在的很多员工比过去的员工更加实干和清醒。他们看到过很多公司裁员，亲友丢了工作，明白真正的工作保障是生存的能力，明白自己的职业发展规划。所以，他们期望获得的是职业发展的机会。

团队领导必须紧跟新的形势与时俱进，当然这不是说说就能做到的。由于他们大多数是出身于业务岗位，善于利用专业技能完成任务，却不清楚怎样了解和满足员工的需求和期待。他们缺少团队领导岗位必须具备的处理人际关系的丰富经验。所以明白初级领导工作的特点，能帮助他们提升这方面的能力，发挥团队员工的最大潜能。

下面我们会逐个解释这种转型的关键能力是什么以及该怎么做。

团队主管如何实现身份的转换

我们发现，转型可以概括为以下三个要点：

第一，规定和安排工作，包括与上司、员工沟通，以及工作计划、组织结构、人员选拔和委托工作权力的制订与安排。

第二，采用监督、指导、反馈、获取资源、解决问题和交流沟通的方法，帮助下级提高业务能力，由此高效开展工作。

第三，建立与下级、上司和相关部门坦诚交流与相互信任的合作关系。

1. 规定和安排工作

工作安排和授权一般不是培训的重点，企业会先入为主地认定这是管理者生来就有的技能，或是很容易掌握的技能。分工会自然形成（销售人员懂得地理情况，生产人员熟悉制造流程），管理者可以按照这些自然分工布置工作。虽然工作内容的差别使分配工作看起来容易，实际上却会遇到很多意外情况需要管理者判断。人员缩减、工作层级缩短、公司合并等原因，都会让员工觉得他们有很多的活要干，可没有人告诉他们怎样做好。团队领导如果清楚怎样有效安排工作，就可以减少员工的不适感觉，使他们积极地面对工作挑战。优秀的工作安排不但能让员工对他们所做的工作有满足感和价值感，还能让他们的专长得以展现，能力得以提高，职业发展前景得以扩大。

可惜的是，很多团队领导由于缺少跟重点人员有效沟通，结果在工作策划和安排时大失水准。只有依靠有效沟通，团队领导才能更好地熟悉部门的工作要求，合理安排工作，使得人岗适宜，任务能够及时、高效地完成。

对团队领导来说，听从直接上级的意见相当重要，可与同级管理者、客户、供应商、业务伙伴和其他有关部门沟通的重要性也同样不可忽视。假如销售团队领导明白客户想要什么产品和服务，他的工作就会更有成效，可以由此来安排下级的工作，有效地满足客户的需求。

显然，沟通需要浪费很多时间，许多团队主管习惯将时间花在“做事情”上面，而不愿意浪费时间与人沟通，这将导致主管由于缺少充分的信息而做出轻率的决定。

权力委托对新任团队领导来说是另一个挑战。团队领导首先必须了解该做哪些工作，谁是最合适去做的人。

但放手让他人去做你非常擅长并且曾为你带来成功的业务，对于有些新任团队主管来说在心理上有些难以接受。通常只有当他们意识到权力委托并不代表着放弃时，他们才会选择这一步。团队领导职位转型还要求公司给予相应的培训和指导，协助他们掌控委托权力、工作追踪、问题解决、业绩评估、奖励机制等相关事务，以及学会如何辅导他们的下级。

新任团队领导者还必须学会知人善任，选择合适的人做合适的事。这看起来似乎很容易，可很快就会发现，找到能够做事的人容易，但找价值观、工作节奏、工作习惯都与公司符合的人其实很困难。大多数人离职或者被解雇，主要是因为他们与公司的价值观、习惯和领导风格不适合，只有少数人是由于缺少工作必须的特定才能而离开。团队领导们假如能机敏地认识到这一点，同时选用那些与公司风格和价值观相符合的员工，就可以极大地提升他们工作的有效性。

2. 提高下属的胜任能力

领导水平在初级管理层级出现问题的确会使员工感受到相当大的压力。当员工感觉到惊慌失措、抱怨上级未给予应当的协助时，这表明团队领导缺少这个岗位必须的关键技能。以下是一些明显的表征：

一是把下级提出的问题看作麻烦；

二是补救下级的工作失误，而非教导他们怎样正确去做；

三是不愿与下级分享成果，对他们的问题和失败避而不谈。

要协助员工就要留意他们在做什么、怎样做的，这需要管理者投入大把的时间与精力。团队领导既需要按时与员工沟通，也需要密切留意工作流程的实践情况。他们要思考是什么问题影响了能力的发挥，什么因素促进了工作的完成。监督应该是一个主动的行为，只靠记录是远远不够的。当结果与期望达成一致时，就应当给予员工相应的鼓励。举例来说，轻拍员工的肩头表达肯定，同时给予肯定的反应意见；当结果不尽如人意时，应通过监督取得的信息进行计划和方法的调整，加强培训，以及要求使用更多资源支撑等措施，让工作回到对的发展轨道。

有一个最简单却被许多新团队领导忽视的技能——亲和力，在他们还是个人贡献者时他们对此可能几乎从未重视过。亲和力不是说让办公室大门敞开，对员工提出的问题唯唯诺诺，而是一种积极的态度，让人从语言到行动都表示出自己是一位平易近人的领导，让员工喜欢与他亲近，并随时能够找到他。这与其说是一种技能，不如说是一种价值观和工作方法。唯有当团队主管确信亲和力是领导水平的一个必需因素时，才能在行动和感情上做到平易近人。

3. 建立合作关系

团队领导必须学会重视与三类人建立合作关系。

第一，上司（包括所有层级的上司）——先是换位思考，从下级对上级一般所持的对立观转变为理解。与上司建立良好的合作关系，得到他的支持与信赖，从而与全公司的管理联系起来，明白公司是如何运作的。

第二，直接下级——建立互相尊重和支持的工作关系，而不是按照个人喜好去交往。团队领导需要对下级的成功负责，反之亦然。因此必须建立一种互帮互助的关系。正直诚实是建立良好人际关系的重点。要是被他人看作欺骗者和操纵者，团队领导将永远不能与员工建立卓有成效的合作关系。

第三，供应商、客户和其他相关人员——与和员工建立合作关系相比，团队领导与他们建立合作关系被要求有更广阔的视野和思路。与这些利益相关方建立起“合作共赢”关系，经常是一种新的体验。向“外部人”提供信息，或者就某些问题提出警告，是一件需要在认知上进行调整的事情。

常见问题的解决

1. 许多公司有许多不同类型的管理职位，鉴于工作类型的不同，领导者应该如何区分？

可以参看以下五种团队领导类型的概括：

一是管理许多从事产品生产的计时工人的班组负责人。

二是管理八九个销售人员的销售团队主管。

三是管理十人以下，经过严格训练的下属的财务团队主管。

四是实验室中一个博士研究组的项目负责人。

五是管理几名熟练技工的工程组团队主管，包括电工、水暖工、装配工、木匠等。

这些管理者都做着类似的工作：计划工作、分配任务、监督进度、给予反馈、教练辅导、绩效考核、招聘和解雇等。这些工作对五类团队主管来说都是相同的，需要调整的只有时间分布和工作重点。

员工的专业性越强，团队主管的计划安排越要面向未来，要给予员工足够的空间，让他们发挥自己的才能。对于工厂领班，必须考虑计时员工的未来发展，但更重要的是强调当时的专注和反馈。这些员工既需要未来的愿景，也需要在处理问题时主管的帮助。销售团队主管，既要给员工提供落单技巧的培训，也要重视产品和服务的培训。不同的工作类型，不同的员工，管理方法不尽相同，但目的都是让员工学会自我管理。

2. 领导着 2—3 个下属，这样的人算不算团队领导？

可能不是。至少要花一半的时间在管理工作上，才算得上团队领导。如果大部分时间都专注于从事技术工作或专业性工作，那你只是达到“管理自我”的最高级别。

3. 一个新任团队领导转型不成功的初期表现有哪些？

第一个表现是不能有效地与下属合作。下属很难找到他，必要的会议太少，没有从人性的角度去了解员工，缺少有效沟通。另一个表现是不能向上司明确汇报成功的标准、主要的问题、业务的优先顺序等事项。

4. 一位业务发展部的负责人，可以直接向集团战略部领导汇报工作，并且有几个下属，算不算是团队主管？

不算。这个人的工作内容和汇报关系确定了他的工作会对全公司造成影响，他参与管理和助长全公司的业务额，这不是团队主管的工作范畴。“团队领导”管理的业务直接指向公司的产品或服务的开发、运营与销售。

团队领导的管理方法

新任团队领导想要顺利地转型，必须采取有效的方法。以下方法有利于他们为转型做好准备，观察是否转型成功，帮助解决转型中出现的问题。这些方法之间可能有一些交错，下面逐一进行分析。

1. 做充分准备，具体落实细节

让新任团队领导清楚新岗位的要求，包括领导技能、时间管理能力和工作理念，并为他们落实转型提供必须的培训。

这一步相对容易，但常常被省略。新任团队领导必须明白胜任新岗位的具体要求，而非空泛的要求。为此，有些公司会树立学习榜样，协助新任团队领导从身边优秀的团队领导身上学习这些技能和理念。上司应该与新任团队主管讨论怎样成功转型，并解答一切与之相关的问题。

在让新任团队领导明白岗位技能要求的同时，工作理念的转变更为重要。正如前面反复说的，个人贡献者的重点在于专业能力，他们重视的是高速有效地完成任务，但假如团队领导的注意力只放在专业技能上，就容易忘记工作理念的改变。他们会简单地学会新岗位必须的领导技能，却不明白这种改变的真实意义。这就可能产生各种各样的问题，没有对应的工作理念作为依靠，就不可能有长久的热情、精力和创新。

培训也是实践转型的重要组成部分。新任团队领导不可能在上任之前受过全部的培训，更不用说有人协助他们改变价值观和做事方法了。上司或者导师应该对其进行培训和指引，让富有抱负的新任团队领导转变工作理念，学会招聘、授权、团队建设、工作设计等技能。

2. 监督并评估效果

有三种方法能帮助评估新任团队领导是否完成了成功转型。

一是旁听新任团队领导与下属的沟通，观察其是否展现出必要的领导技能。

二是通过 360 度评估、员工态度调查和其他评估工具抽样调查，了解他人怎样评价初任团队主管的行为和态度。直接下属往往能够提供上司是否胜任的真实情况。

三是询问新任团队领导对自己的领导技能、时间管理能力和工作理念的观点，将这个结果与前面的观察、抽样调查进行比较分析，让他们明白其间的差距。

3. 采取干预措施，反馈信息

干预是解决领导水平发展障碍的必需措施。上司需要采取某种程度的行动加速新任团队领导的转型，而不是由着他们按照之前作为个人贡献者时的态度和行为。

以下是集中有效的方法：

（1）教练辅导与反馈

上司对新任团队领导一对一的教练辅导无可替代。尽管评估报告和课堂培训能够帮助新任团队领导提高能力，可要增强和放大这种进步，上司直接与他们谈话、听取问题并给予明确的建议尤为重要。时间管理经常使新任团队领导陷入困扰，他们把太多的时间花在具体工作而不是管理上，所以他们经常对时间管理培训辅导表示兴趣。除此之外，上司还应该把新任团队领导的能力提高作为绩效考核的一部分。

（2）向同事学习，增强合作

组织团队领导互相学习、交流领导技能是一种行之有效的方法，让他们彼此沟通工作思路和感受，钻研共同关注的问题。实际工作中团结互助更能促进领导技能的进步，是掌握技能的有效方法。

（3）会议、读书和旅行

这将帮助新任团队领导从自身的角度主动实现转型。在会议上，新任团队主管可以聊聊自己上任期间学习到什么，对哪些问题更为关注，这能帮助其加深对自己转型的认识。指定一些阅读书目或文章也能帮助他们进一步调节自我。与上司一起外出，为新任团队领导提供了办公室以外的机会，让他们能够在一个宽松的环境中与上司畅谈自己面临的问题。

（4）工作调整

一段时间的试用后，如果一些新任团队领导还没有为新岗位做好准备，那他们需要重回员工岗位进行再锻炼和准备。另外，一些人从本质上不具备领导潜质，不适合承担领导职责，应当被安排在能够发挥他们才能的专业岗位上（如从销售员到超级销售员）。

必须强调的是，新任团队领导首先需要实践并完备自身的领导技能。具备领导能力是实现角色转变的第一步，这让新任团队领导意识到工作理念转变的重要性。新任团队主管如果缺少委任权力的能力或者教练辅导的能力，可能就会少花一些时间去做这些事情，而能将时间多花在他们擅长的事情上——练习新的领导技能，在有困惑时提出问题，并寻求他人的帮助。只要他们熟练掌握了新的领导技能，他们就会愿意花更多的时间去做，而且非常关注这些新的能力。如果新任团队主管明确意识到工作理念转变对胜任新岗位的重要性，新的领导技能便能够帮助他们的团队实现目标并取得组织的认可，反过来他们也将全然接受新的工作理念。

4. 实行上级领导负责制

新任团队领导培训在各公司都很常见，这可以为他们提供一些行之有效的领导技能，但培训不是万能药水，人力资源部门也未必能开发出某种培训项目，可以帮助新任团队领导完全实现领导水平转型。转型最有力的助力其实来自团队领导的上司，他们是这次转型的直接责任人，上司必须学会指导新任团队领导。可惜的是，大部分上司较少接受这方面的培训。

由于团队领导是各管理层级领导者的储备，这个问题就显得举足轻重。假如贵公司正面临各层级领导人才缺失的问题，那么它的源头就在于团队领导培养输送机制出了问题。一种简捷的评估方法是，贵公司的大部分新任团队领导是否在接受领导技能、工作观念等的培训与考核，他们对下属员工的成功是否尽了全责。假如没有，就说明贵公司领导梯队建设的源头出了阻碍，更不要期望从基层向其他层级输送领导人才。

团队主管要注意什么

要成功实践这个阶段的工作观念的转变，通常比想象中更有挑战性。

我们发现很多团队领导的工作观念都停留在“管理自我”阶段，他们依旧把大部分时间花在自己喜欢和关心的专业技术工作方面。所以，在把一个人提拔为团队主管之前，首先必须评估一下他们放弃部分专业技术工作，把重点放在经营管理工作的能力和想法上。通过安排组长或者项目团队领导的职位，考察他们对促成别人成功的能力和想法。在做出任何正式决定前，评估此人是否可以从帮助别人取得成功的过程中获得满足，并足够珍视它，以获得持续努力的动力。

至少每年调整一次团队主管的队伍，这是继任计划的必需要求。

这个层级的人员犯错，会让公司付出多种代价，如产量下降、士气下降、出现质量问题和对员工管理不力等，领导人才继任规划也将面临失败。把工作重心转移到管理层面，却没有做好相应的管理工作，这在很多公司普遍存在。团队领导是公司各层级未来领导者的摇篮，这个继任计划流程必须充分考虑这个层级，以保证每年至少一次的继任计划全面展开。培养团队主管的目标是精干高效，在团队领导岗位上工作 6—12 个月依旧不能胜任者，必须做出调整。

一个正在发生的令人不安的趋势是：团队领导越来越多，直接下属却越来越少。

升任团队领导是给予业绩突出的个人贡献者的回报。但由此带来的问题是，对于新任团队领导来说，管理工作很少。最后，他们并没有真正学会怎样管理，空有团队主管的职务，却不会真正的管理工作。虽然他们期望将来取得新的提携，可是并没有对此做好充分的准备。如果管理职务代表的是地位而不是一系列的管理工作要求，公司的管理就会变得“如同虚设”。仅把晋升作为对高绩效个人贡献者的一种回报，会给公司的管理带来莫大的困难。

选拔个人贡献者担任团队领导，必须重视两项要求，一项是清楚明白，另一项是相对微妙、隐蔽。

清楚明白的要求是完成任务高效、成就动机强烈、敢于承担重担和人际关系良好。微妙和隐蔽的要求包括：保持学习的兴趣和能力，完全运用所学知识的能力，愿意支持同僚提出的建议并促进这些建议付诸实施，对他人的成功表达出真心的欣赏。新任团队领导的上司应该注意到这些隐藏的要求。

第七章
中级管理层级：部门总监

相比于发现顺利实现转型的部门总监，及时发现在这个领导转型阶段面临困难的部门总监要容易得多。那么卓有成效的部门总监到底有什么不同呢？从他们的工作态度和行为方式上，我们可以发现这个阶段的要求是什么。

案例：转型部门总监

汤姆在20世纪90年代初期的时候受雇于一家大型技术公司，在公司里担任软件开发经理一职。而后其从管理14人的软件应用部门经理升职为管理150人的部门总监，其属下的12名经理分别负责开发、采购和维护现有软件等工作。而这时，汤姆的新上司正面临着重大的转型挑战，时间期限、竞争压力等问题接踵而至，汤姆自然成为上司工作的承担者。作为一线经理时，汤姆把自己的工作做得很好，他接受了良好的培训，360度评估使他对自己管理水平的认知得到提高，进而帮助他改正了自身的很多缺点。汤姆投入了大量时间在新岗位上，他学习所主管的所有项目，了解下属员工。他发现有些重要的项目进度落后，很多下属经理不如自己优秀，团队因为士气低落导致业绩并不突出。

汤姆凭借着在一线经理的岗位上培养出的能力，很快就采取了行动。他定期做项目检查、重新调整工作重点和配置技术专家，让团队取得了一定的进展，但这些并没能让他的上司感到满意。同时，员工的问题也一直在困扰着他。一群员工每天早晨都会排着长队等在汤姆办公室的门口，向他请示工作以获得批准。很快，他的时间就都被占用了，无暇顾及部门预算和项目的问题。

作为部门总监，其工作重点之一是授权给一线经理，汤姆非但没有授权给一线经理，相反，还剥夺了对方的权力。他直接为员工布置工作，亲自检查项目，做了很多本应由一线经理来做的工作。这导致了很多员工越级与部门总监汤姆进行沟通，占用了他大量的时间。

汤姆如果能够很好地实现领导水平的转型，就能发挥出团队的力量，听取大家的意见。一旦某个建议不太合适，汤姆也不轻易否定，而是让一线经理来做决定。汤姆通过授权一线经理们做出项目决策，让他们直接对自己的决策负责，这样就缔造了一个让下属磨炼自身领导技能的极佳环境。

这样才能让汤姆腾出更多的时间观察下属经理的管理能力。汤姆应该把他们视为从事管理工作的经理，而非从事专业工作的个人贡献者。通过关注一线经理们的领导技能和工作理念等方面的能力，进一步确定有效教练辅导下属经理的方法。

所以说，公司如果帮助汤姆顺利完成了这个阶段的领导水平转型，就可以使他把自己的工作做得更好。然而，公司根本就没有意识到汤姆在这方面的需要。究其原因部分是他看上去已经对该职位做好了充分的准备，在经理的岗位上的出色表现似乎可以让他顺理成章地成为新的部门总监，但这并不准确。因此，在确定领导水平转型是否完成之前，应该把注意力集中在那些看似合适，实际上有差别的理念和行为上。

通过常见问题了解部门总监

在一家大型通信公司中，布朗负责一个技术团队的管理，有七位一线经理向他汇报工作。在职业生涯的早期，他是一个非常有雄心的人，但人近中年，就变得偏向于保守和稳定。有一点要注意，布朗的工作有着来自上司、下属经理和其他同事的全方位的积极评价。当然，这些评价并非是因为在他手下做事很舒适，或者是因为他能任人摆布。事实上，在工作上，布朗的要求很高，同时还为团队里的每个人设定了极高的考核标准。但在大家看来，布朗的这些要求完全是出于公正的考虑，并得到了他及时清楚的解析。布朗对自己的职责范围心知肚明——培养优秀的经理人员。他总能在下属工作表现出色或出现错误时，真诚地提出反馈的意见，并且随着经验的逐渐丰富，他的反馈意见也变得更加精确而有建设意义，虽然他的反馈意见可能会让某些人不舒服。对于下属，布朗非常了解他们的想法，总是能因人而异地和对方进行交流。而每当谈起下属的时候，总是能看到他脸上洋溢着的骄傲表情。在他看来，下属就是自己的成就，尤其是下属经理得到了晋升，并在新的岗位上表现出色时。其实，在公司其他部门，很多员工都想在布朗手下工作，因为他在培养公司未来的高级管理人才方面十分在行。当然，布朗还非常善于授权，在为下属确定工作目标后，允许其自主决定实现该目标的方式。并且，他擅长选择人才，并在这上面花费了大量的时间。

因为不想搬家，布朗可能会失去在公司里获得晋升的机会。但是，他全心关注于部门总监的职责履行，甘愿当未来公司经理的事业发展的领路人。

我们可以通过分析那些常见的问题来了解部门总监这一职位。

第一，假设一家公司的职能部门有 17 个主管，没有部门总监的职位，那么，怎样做才能确保自己能学到部门总监职位上的管理技能？

答：你虽然是一名职能部门主管，但实际上仍旧需要兼顾部门总监的很多工作。所以，你在工作的同时，还应该关注业务总监的管理方式，为负责管理工作做好准备。在明确职能部门主管职能的基础上，检查自己的日程表，进而确保能够留有足够时间来恰当处理职能部门主管的工作。相比在职能部门主管工作上，你极有可能在业务总监工作上花费的时间更多。

第二，选拔部门总监时，哪些东西是主要的关注点？

答：第一点，寻找对管理工作真正有热情的人，即一位有合适工作理念的人。对于工作理念的转变，在完成第一次后，之后的就会变得容易得多。第二点，观察对方是否表现出系统思维能力。作为部门总监，你要将其与自己所负责的业务单元相联系，并把自己负责的业务单元和同事们的相联系，掌握工作流程、工作之间的连接以及建立这些连接的方法，这对于解决问题和建立组织都非常重要。同时，部门总监必须观察整个公司，理解公司的运营方式。虽然这种能力很难由他人教授给你，但却又非常必要。

第三，我们在做继任计划的时候，应该对部门总监这个层级做何安排呢？

答：作为第一个完全依靠管理技能而非从事专业技术工作的管理层级，部门总监是最适合跨职能调动的层级。其实，领导者获得成功的关键正是在于管理技能的提升，而在部门总监这个层级上的跨职能调动可以提升领导者的管理水平。

第四，在一个非常大的公司内部，是否可以在职能部门主管和一线经理之间，设置两个管理经理人层级？

答：可以。实际上，在大公司内部，存在两个管理经理人的层级是很有可能的，在公司跨多个地域或者公司的员工人数非常多时，这种情况并不鲜见，但这两个层级应当以同样的标准进行衡量。其不同之处主要在于管理的对象上：其中，较低层级的管理经理人员的管理对象是一线经理，而较高层级的管理对象则是低层级的管理经理人员。这两个层级的主要职责都是整合工作、分配资源和培训管理者，其职责区别主要在于教练辅导下属的要求不同。

部门总监的实践经验

在一家知名的电子产品工厂墙上，生产商写上了“管理经理人员”几个字，让每个人都了解一线经理和部门总监之间存在区别，让每个工作上遇到困难的人知道应该向谁诉求权利。而此前，计时工人经常越级，跳过一线经理直接去找部门总监，这就导致了部门总监直接向计时工人分配任务的情况。

从长远来看，部门总监领导水平转型失败的话，将会影响他们在更高领导层级上的工作表现。在与一些转型失败的高级管理人员共事的时候，很容易就会发现他们缺乏关键的领导技能。因为公司领导水平模型的核心品质就包含在这个层级的领导水平转型的过程中。而由长期的实践活动总结而来的经验，将会帮助部门总监避开一些实际工作中的误区。

1. 部门总监必须要学会正确地提问

他们通常在询问一线经理一些产量或者质量方面的问题时，实际上是把一线经理当成了主要任务是“管理自我”的一线员工，使用的措辞常常是“你完成这个项目要到什么时候”或者“产品质量会有问题的原因是什么”等。在被问及这些问题时，一线经理就会明白部门总监想加快生产进程或者保证产品质量，他们通常会负起责任，满足部门总监的要求。而那些管理角色原本已经成功转变的一线经理，极有可能因此恢复到原来的角色，成为“管理自我”的一线员工。这样看来，部门总监最好还是问一些关于管理和领导方面的问题。譬如说："你应该怎么做才能保证按时完成生产项目？""你属下的员工对质量标准有多少理解，又如何保证产品可以达标？"等。这些问题的不同答案能帮助一线经理将注意力集中于正确的工作上。

2. 意识到"不明确地带"将会阻碍这个层级管理者的管理工作

通常情况下，部门总监不会参与公司战略和发展方向的制定，也不会亲自指导技术性工作或一线员工的工作。因此可以说，他们既没有领导公司的发展方向，也没有涉及产品的生产。但也正是因为长期以来忽视了自身作为部门总监的主要职责——把高层战略传达给基层员工，并将后者的执行情况向战略制定者反馈，在和上司没有充足的沟通以了解公司战略、发展方向、公司要务和问题的基础上，根本无法履行指导下属工作的职能，仅仅凭借自己有限的知识或者信息和其他人沟通。因此，他们通常被称为公司的"混凝土层"。

缺乏管理深度通常是公司对部门总监层面要求不够的结果，这一点是必须要明确的。部门总监并没有被要求参与到公司的开发预算或者制订长期计划中来，而是在一线经理的扩展方面发挥职能。提高对部门总监的要求，并赋予他们能够制定预算的实权，从而确保他们能以适当的成本去正确地完成工作，这才是这个层级的常规做法。对他们来说，参与长期计划是一项拓展，为他们提供机会，表现其能够胜任事业部副总经理的实力。但一定不能随意提高对部门总监的要求，人为地在事业部副总经理的继任问题上制造障碍。

在很多公司，从一般管理者到管理经理人员，也就是从一线经理到部门总监或者是高级经理，一线经理会被安排有培训项目，但一线经理的上司却很少会被安排相应的培训项目。其中，部分原因是公司误以为管理他人与管理经理人员之间差别不大。按照公司的逻辑，你既然能够培养出具有领导技能的一线经理，那么也就能够培养出与一线经理职务相似的部门总监，即使部门总监需要有更重要的领导技能。还有一部分心理上的原因，部门总监常常只被看成是一种职务晋升，而非重要事业发展的一个阶段。所以我们会发现，与被晋升为一线经理的欢呼雀跃不同，被晋升为部门总监通常也是喜悦的，但是平静的。

然而，在领导技能、时间管理能力和工作理念方面，部门总监与一线经理都有重要的区别。一旦总监们做不好这个阶段的领导水平的转型，仅仅是敷衍塞责，就可能为公司带来严重的损失，例如人员管理将在短时期内出现混乱或不力等。部门总监是负责公司内部人员最集中的部门，也必须要完成绝大部分的生产性任务，那么这也就意味着他们的工作直接影响到公司的产品和服务。如果部门总监不能胜任这份工作，其工作质量和效率也将会受到很大的影响。事实上，部门总监的工作在很大程度上影响了公司的执行力和竞争优势。

部门总监的几种错位现象

这一层级的管理者通常不存在专业能力很差的情况，因为绝大多数担任部门总监职务的经理都具备良好的专业技能。通常也是因为他们在担任一线经理时有着出色业绩和专业技能，才会被提拔。因此，他们在这个阶段难以实现领导水平转型的问题关键往往在领导水平的核心技能方面。

1. 授权问题

这类问题常常会出现在一线经理身上，随着领导层级的上升，授权不足的负面影响将会逐渐显著。如果一位领导者属下有 7 位直接汇报的经理和 70 名员工，那么亲自处理每一件事情显然是不可能的。当一线经理的权力被削弱的时候，他们通常会表现出比个人贡献者更强的挫折感。作为经理，他们坚信自己身负一定的决策权力。决策集中和决策缓慢也使得工作的进度变得迟缓。这往往会导致部门总监承担了太多的工作量，无法得到下属经理得力的帮助。显然，授权问题不仅表现为授权不足，还有可能表现为授权方式不当，即缺乏授权后的问责机制。

2. 信息沟通

沟通的失误在于，部门总监很少或者不善于将经验反馈给下属经理，也没能指明下属经理努力的方向和真正的目标。也就是说，部门总监不能与下属经理进行有效的沟通交流。如果总监在团队建设方面仅仅把下属经理当成个人贡献者，而不是当成团队领导的一部分，就会影响团队的信息共享和协同支持。

3. 角色转换

受限于完成任务的思维模式。如果一位总监不能充分实现新岗位的领导水平转型，工作思维还停留在做一线经理的时候，也没有意识到自己角色已经转变成为一个经理人员的教练和导师，就会缺乏对战略和文化层面问题的关注。

4. 选人与用人

总监有权选任下属经理。但很遗憾，由于缺乏相关的训练，总会导致下属经理与自己很相似。这样的话，不仅阻碍了团队人员结构的多元化发展，还会因为领导才能的缺乏导致领导梯队发展的停滞。另外，总监也经常会选择自己的朋友或者过去的下属担任一线经理。这种做法可能给公司带来巨大的损失，因为这样的做法会使上司失去不少挑战，也就意味着失去了发现新的视野和理念的机会。

部门总监的职能

1. 选拔并培养具备职业能力的一线经理

对新任部门总监而言，选拔并培养有能力胜任一线经理的个人贡献者是一件陌生的事。因为他们不习惯评判个人贡献者的领导团队能力、沟通计划能力，以及在压力下做出决策的能力。决定一线经理人选必须要建立在对员工全面了解的基础上，如此才能做出有效的甄别和判断。换言之，让这些人带领团队和负责项目需要两种不同的识别技巧。

事实上，有的部门总监对一线经理的选拔工作并不重视，他们习惯于在自己的亲友、熟悉的下属中挑选。这是因为他们并未意识到选任的意义，只有在部门总监意识到自己不仅是在选拔自己团队的成员，还是在为公司培养未来的领导人才之时，他们才会真正意识到选拔工作的重要性。有的部门总监在选拔一线经理时会出现障碍，因为他们不喜欢区别对待下属。在他们看来，要挑选一个人担任经理也就代表着间接否定了其他人的能力，这会让他们感到不适。虽然选择熟悉的人或者与自己相似的人比观察、考验众多备选人员要容易得多，但部门总监还是需要学习如何有效选拔一线经理人员，因为如果不花费足够的时间的话，就很难培养出选人用人的领导才能。

因此，我们可以说，培养一线经理是一项创造支持性环境的艺术。因为在这件事情上，允许他们犯错但不能失败。他们需要积极支持一线经理学习面试技巧，撰写业绩评估报告，向自己提出建设性的意见。他们还需要巧用权力来激励和指导下属经理，而不是一味地否定他们，打击他们的积极性。现实中，很多总监在一线经理犯错时总会当着其他下属的面对其进行严厉的批评，这会让其觉得难堪。部门总监对一线经理应该谨慎地使用权力，还要清楚给予批评最好是私下进行而不是公开，另外，还要清楚传递反馈意见的方式——就事论事，而非人身攻击。

2. 确保一线经理为管理工作负责

总监们虽然作为一线经理时能够让员工们全心全意工作，但升任部门总监后，就必须要调整自己的工作重心。工作要求总监必须学会评估工作的类型，开发出一种新的评估下属经理的工作框架——基于下属经理决策的质量、绩效反馈的频率和质量，以及与其他部门合作的能力和提升团队业绩的实力等方面来做评价。这些技能的掌握不仅需要大量的实践，还需要花费一些时间来思考如何设置一个既具有挑战性，又不脱离现实的弹性目标。

一部分部门总监的工作就是调整那些不能胜任工作的一线经理，通常这比调整下属普通员工要难得多。因为调整后者的原因十分清楚，业绩不佳或者价值观不符合公司的要求，但前者则涉及很多无形的因素，如不够重视管理或者不花时间在管理工作上。所以说，总监们及时发现并做出调整需要很大的勇气、坚定的信念和绝对的自信。如果任由业绩不佳的一线经理占着经理的岗位，将会阻碍领导梯队的流动，使很多业绩出色的优秀员工失去晋升的机会。所以，总监需要学会对团队人员进行调整。

3. 保证各部门各种资源的合理配置

这项工作对于部门总监而言并不是很熟悉，实际上也不简单。学会调拨资金、配置技术资源和人员以提升业绩，是一项需要长期实践才能掌握的技能。部门总监可以通过回答下面的问题来更好地理解资源有效配置：

是否每个部门都能按时完成工作任务，并保证质量管理和成本控制达到标准？如果答案是否定的，那么还需要那些其他条件？

是否拥有良好的内外部资源组合？如果不适合，该如何调整？

是否存在浪费资源的部门？该如何处理？

出于整体产出需求的考虑，现有的部门结构是否合理？需要重新配置哪些资源？

是否有人不适合在这里工作？该如何找到合适的人员来替代他们？

另外，考虑到个人和部门的具体资源要求，还需要做出其他判断，回答如下几个问题：

工作最有效的部分有哪些？最具挑战或者风险最大的项目应该交给哪些部门？

因为在利用资源方面表现出色，应该被给予更多资源的部门有哪些？

能够得到最大幅度加薪的人是谁？

谁是最需要教练辅导的人？谁需要投入更多的时间？

4. 确保直接下属部门和其他相关部门工作协调

部门总监最应该做的是打破部门之间的藩篱，共享信息并做到相互团结合作。他们还需要转换心态，从只重视某个特定部门利益转换成重视公司整体利益。另外，他们还需要在一线经理以及员工中灌输平等的观念，促进信息、想法在各部门之间的自由流通，最终促成合作。

部门边界的打破不仅是工作理念问题，还涉及具体的工作流程问题。因此，部门总监必须监督自己部门与其他部门进行合作，并对此提出问题和改进意见。而且，他还需要有一套更敏捷的管理技巧，那就是理解、传达职能部门战略、业务战略和公司使命，通过传达、检验这些工作与公司战略的匹配程度来实现跨部门之间的合作，实现公司的业务目标。在通常情况下，有效的跨部门合作会提高工作效率，而一位能干的部门总监必须要有帮助组织提高竞争力的能力。

部门总监的领导水平养成

作为部门总监，他们必须要注意到管理员工和管理经理人之间的差别。在人们固有的观念里，这两者之间有着很多相似之处，但部门总监必须看到其中的差别并对此严加区分。当然，如果他们的上司能向他们清楚阐述新的领导技能和工作理念就更好了。但仅仅简单地描述这些要求是不够的，当一名部门总监处于工作瓶颈的时候，他的上司必须要对其有效指导，为其设置适合的目标和衡量标准，这样才能帮助新上任的领导实现领导水平的转型。而其中标准指的是：

工作效率提高的程度；工作质量提高的幅度；进行教辅的频率及其效果；提拔或为其他部门输入人才的数量；新任一线经理的成功率；团队合作的状况；团队在新领域的合作情况。

以上所有的标准中，培养新任一线经理是最重要的。因为新上任的一线经理缺乏经验，可塑性很强，但他们也会出于本能而模仿上司的言行。而一旦上司不能或者拒绝以身作则，无法树立正确的榜样，将他们往正确的方向上引导，则将会阻碍领导梯队的流动。而这种问题一旦在组织内部出现，那么只能从外部招募优秀人才才能解决问题。

对于部门总监来说，他的一项重要职责就是向一线经理传达正确的信息。教育并辅导一线经理是一种互动方式，可以帮助部门经理反馈有效信息。从某种程度上讲，教育辅导是一门需要身体力行表达的技能，它能把领导和员工紧密结合在一起。当领导表达自己的关心时，员工也就能感到这份心意，这也正是领导工作的重要内容。而当员工工作压力很大，这种教育辅导关怀却严重缺失时，就会导致人员的流失，员工们会选择辞职以寻找能让他们更好地学习和发展的工作机会。

但这并不是要求每一位部门总监都具备成为优秀教练的实力，也并不是每个人都能成为这样的教练，有的经理人天生就缺乏这方面的天赋，但大部分还是能够成为教练的，能够给员工以真诚、有用的反馈。而且，这种能力的发掘需要上司的培养加上外部专业教练的帮助。事实上，很多企业外部的专职教练对公司业务不了解，很难给出专业的意见。因此，他们通常会在教练培训课程结束后，被要求通过小组联系来巩固教练的技能。

时代在不断变化，充满着很多的不确定性，部门总监还必须要有全局观念。在向下属解释和传达公司的发展目标时，他们必须发挥出重要的作用。一旦他们缺乏大局观，他们就会成为公司变革的障碍。就像杰克·韦尔奇在通用电气公司刚开始推行他的改革计划时，部门总监被视为“混凝土层”。在刚开始的时候，他们抵制任何创新的意见，视精简机构、裁员、授权为“洪水猛兽”。通用电气公司决定，在罗斯顿维尔培训中心实行一项名为“卓越管理者”的培训计划。通过这项计划，不仅可以培养受训者的管理和领导能力，还能充分将公司再造的文化和业务背景阐释出来，帮助员工理解公司的战略以化解其抵触情绪，同时消解他们对公司变革的错误猜测。这样一来，在很大程度上疏导了阻碍部门总监积极、高效工作的障碍。

第八章
高级管理层级（一）：集团副总

集团副总的工作内容包括：重新调动资源以平衡业务发展，采用恰当的方式培养事业部总经理，为协同各业务单元且开发新业务而设计一项合理的业务组合。同时，还要求集团副总把自己当成该业务单元的负责人，对事业部总经理的工作、团队、组织文化进行评估，以保证其目标和业务要求相符合。担任集团副总也即意味着从充满乐趣的事业部总经理岗位转换到了枯燥无味的领导岗位。

案例：转型集团副总

杰克是一位优秀的集团副总，在很多方面，他都向我们展现出了集团副总的优良素质，他的故事或许会给我们很多启发。

在杰克接管能源业务群组的时候，其业务遍及发电设备、输电设备、石油储存以及运输设备。公司的每个业务部门都经营着一个产品系列，并兼备售后服务部门。然而，自从成为行业领军者后，该业务群组多年来整体业务不断下滑，导致了团队士气低落、公司前途渺茫。这时的杰克正面临着行业规则调整、销售流程改革、美国市场需求不足、产品质量等问题，同时，他明白自己不可能从下属高管那里获得任何可靠的见解，因为各业务部门都忙于各自的业务，不能和集团做到协调一致，而且各业务部门所提出的战略规划并不能触及问题的根本。杰克通过对下级的评估报告得知，最近新推出的一个本来很有希望的产品也以失败告终，他们似乎一直在“原地踏步”。因为当时的公司在市场上占据统治地位，每个人轻而易举就能达到业务目标。

杰克刚开始就坚信选拔合适的事业部总经理才是成功的关键。在对各业务部门的管理团队进行仔细的评估之后，他很快就决定调整领导者队伍，任命一批新的事业部总经理并对两个部门负责人的岗位职责进行了重新定义，其中两位领导者凭借着出色的工作表现被授予了更大的职责。在上述决策中，杰克表现出了对事业部总经理职责的洞察力——他在管理一个小的业务群组所培养的能力。在选拔出满意的事业部总经理后，杰克就放手让其大展拳脚了。授权对方在既定的战略框架内，可以自主决策。当然，杰克还花费了大量的时间训练辅导他们，以达到集团公司对业务领导者的要求。

为了解决重大的业务问题，杰克拜访了群组全球的客户以及潜在的客户，并在此基础上对市场总体状况进行了分析和评估。因为曾经接受过专门的训练，所以杰克对多元业务组合模型非常熟悉，很快就挖掘出了公司从未重视过的全球性机会。并且，杰克还根据获得的信息做出了开发全球市场的战略决策，这完全符合公司的初衷和发展方向。但这一次，杰克并没有为各业务部门制定具体的战略，只为他们提供了一个总体的方向和框架，授权各业务部门在这个框架内制定各自具体的战略策划。

此外，杰克还发现了潜在的市场机会，并竭尽全力地去占领该市场。但因为这需要一项公司所没有的专门技术，于是杰克开启了一系列的兼并收购活动，并以此实现了自己的目的。

我们可以看出，杰克很巧妙地重新组合了业务投资，新创了有效的产品业务组合策略。他重组了公司业务，更加强调服务业务。杰克明白，服务市场潜力是产品市场的5倍，而提供更多更好的服务既可以使顾客的成本得以降低，又可以使自己的收入得以增加。公司的内部人员因为最了解公司的产品，可以向顾客提供更低成本且覆盖全部产品的服务。

在杰克的努力下，业务群组从一个士气涣散、业绩下滑的团体变成了公司新的增长领军团队。业务群组在杰克的带领下，销售业绩在4年内翻了一番，利润也增长了一倍，并且开辟出了新的增长渠道。此外，群组内部还人才辈出，就连新提拔的事业部总经理都成功实现了领导水平的转型。杰克向公司各个层级输入了很多“新血”，使得各部门的工作业绩得到提升，进而达到公司更高的标准。

集团副总的职能

在那些经营状况良好的公司里，通常都有一个清晰的集团战略，这一战略往往是全球化战略，它包括待开发的新市场、未被重视的细分市场、可能增长的需求等。这些公司常常会要求其集团副总负责推动全公司的关键创新，同时还要求他们与政府部门、行业联系人和关键客户等建立外部联系。在职能被拓宽后，他们不仅需要负责监督事业部总经理，还要承担首席执行官的部分工作，以此来考察他们是否具备成为未来首席执行官的能力。他们如果能胜任这项工作的话，也就意味着他们具备领导多个业务单元和多元化业务部门的能力。

这些对集团副总的历练，对他们未来成为首席执行官来说十分重要。集团副总层对任何公司来说都起着枢纽的作用，一旦集团副总没有准备好领导水平转型，或者得不到足够的支持，将会导致公司的领导梯队发展出现障碍。例如，集团内部就会出现副总从事着事业部总经理的工作，而事业部总经理却在做着部门总监的工作，等等。毋庸置疑，这将引发一系列的连锁效应，各级领导职能将会出现完全的紊乱。

与初任经理相似，集团副总领导水平的转型也要求他们放弃自己喜欢且做得很成功的工作。他们必须放弃曾经亲力亲为、在短期内就能取得成就的工作。甚至在市场形势转变等某些情况下，集团副总还不得不对自己亲手发展起来的一些事业进行部门间的战略整合，减少对自己工作过的业务部门的投入，甚至结束该部门。

关于集团副总的实际工作，有两个必须了解的问题：

第一，集团副总为了最大限度地为公司做出贡献，应该对时间做何分配？

研究发现，成功的集团副总把一半甚至更多的时间花在教练辅导和培养人才上。在他们看来，与事业部总经理对话是一种学习，他们所做的是提出正确的问题而非给出正确的答案。当然，他们的职责范围不限于事业部总经理，还包括事业部副总经理等。所以，他们需要尽可能多地了解各部门的总体能力和管理者们的能力水平。其实，作为未来事业部总经理和集团支持性部门领导的候选人的事业部副总经理，如果没有足够的潜力的话，随时都可能会被替代。所以，理性的高级管理人会同时关注各部门总监的潜力，这正是成功的集团副总能够推动公司继任计划流程的原因所在。

另外，集团副总应该至少把 1/4 的时间花在战略及其相关工作上，包括开发组合战略，评估业务战略和潜在的合作伙伴，出席高层次的客户会议等方面；把一到两成的时间花在集团公司层面的工作上，包括协助首席执行官完成全公司的管理工作，并处理公司层面的相关问题，代表公司拜见重要的外部利益相关团体领导者，与同事探讨资源的重新配置等；剩余的时间应该用于公司与外部其他公司以及行业之间协调关系的相关工作上。

第二，关于识别一位事业部总经理是不是集团副总的合格候选人，有什么技巧？

在选拔方面，集团副总和首席执行官都面临着很多相似的条件，其中包括：业绩突出、战略能力出色、人才培养方式有效、对客户服务充满激情和具备敏锐的商业头脑等。其中，支持公司重点倡导的项目、共享资源、践行公司的价值观、为公司层面工作安排专门的时间是真正关键的指标。仅仅想着管理好公司却忽略了公司的利益，这是十分不可取的。

而另外一项关键指标则是拓宽思路和学习范围。我们可以通过这些问题来获得答案：他能否提出让事业部总经理敬佩的发展思路？又能否发现业务中亟须修缮的短板？是否有兴趣且真正地向其他事业部学习？……在业务组合战略上，往往要求集团副总跳出原有业务局限的怪圈去思考和学习。

第三项指标是同等级管理者之间相互的影响力，这就要求集团副总候选人必须具备能够使同等级管理者们信服的能力，同时，还必须和事业部总经理建立起相互信任的关系。并且，他们对于员工还必须有思想上的领导能力。

有一项重要但总被忽略的要求，那就是与首席执行官一起管理整个公司。当首席执行官召集包括集团副总们在内的直接下属讨论问题时，集团副总需要走出思维局限，从公司全局利益出发思考问题并做出决策。至于如何让直接下属像他一样从公司全局出发思考问题，答案其实并不复杂。在公司高管团队群策群力的时候，首席执行官必须要全面理解公司的真实状况，这样集团副总们在其带领下也就能了然于胸，并立即各就各位，做出行动的准备。世界由于互联网而变得越来越紧密，由于商业化而衍生出诸多复杂的问题，这使得首席执行官也不能完全把控。因此，就要求整个管理团队必须发挥各自所长来解决公司正在面对的各种疑难杂症。

对于集团副总来说，关注长期结果而非短期利益这一要求显然比做事业部总经理时期来得更为高。实际上，新任集团副总往往难以适应的其中一个原因就是缺乏短期的激励机制。对他们而言，每天工作结束后，不能感受到工作的成就感，使他们感到很沮丧，而如今的大多数成功都来自于长期的坚持，因此，高管成熟的标志之一正是享受延迟满足，否则将深陷亲力亲为的具体工作中难以自拔。

集团副总为其后成为首席执行官奠定了基础。虽然这种情况很常见，但在很多公司里却并没有在选拔集团副总时认真地把他们看作是未来首席执行官的后备人选。在此期间，集团副总为继任首席执行官必须要做三项重要的准备：与首席执行官一起管理公司；学会享受延迟满足；从管理具体业务中脱身出来。第三项中的这种分离对于首席执行官来说是必需的，它要求集团副总必须掌握对多项业务的评价能力，从而最大化公司的资本利益。无论一家公司是否有集团副总的岗位，这个阶段都是有必要重视的，尤其是从事业部总经理到首席执行官的巨大转变，对于大多数人来说都是很困难的。因此，在集团副总的选拔过程中，应该考虑他们是否具备成为首席执行官的上述能力。

对于集团副总而言，重视他人的成功和自己业务的成功是同等重要的，其工作的有效性在很大程度上是由其下属及其业务取得的成就所决定的。因此，对于那些拥有雄心，将业绩作为导向的集团副总而言，这是一种全新的工作概念。他们在之前的工作中已经学会了授权和指导下属，但此外，还必须考虑业务部门及其与整个公司之间的关系。

成功的标准相比以前已经改变，判断事业部总经理的战略管理能力、授权能力，以及项目进度协调力有了新的标准。下面我们将用三个问题来帮助你理解集团副总工作理念的有效转变。

第一，集团副总能否做出正确的决策以区分不同业务可能产生的不同后果？

集团副总的工作目标早已不再是亲自发展具体业务，变成了创造合理的投资组合。合理配置资源对于首席执行官而言是一项关键能力，而集团副总们则需要学会重视这项能力的培养。他们需要学会权衡利弊：是在一项新业务上投资发展，还是在现有成熟的业务中实现利益最大化并衍生出其他业务？这也意味着，想要实现增长就必须综合各种因素，对客户群分析考量，并做出合理的投资决策。众所周知，与投资单项业务相比，这一项工作更加复杂且无经验可循。这不但是一种战略判断，还是一项具体的战略规划。

第二，集团副总能否在与其直接下属共事期间，将其培养成为名副其实的事业部总经理呢？

对于很多集团副总而言，这个角色绝对是勉为其难的，因为集团副总的职责是支持和培养事业部总经理开展工作，但不能代替事业部总经理执行具体事务性业务。否则极有可能会出现集团副总越俎代庖，过多干预事业部总经理的职责。凡事亲力亲为，并非授权给事业部总经理等现象。不可否认，这个问题与集团副总个人的工作理念不无关系。在先前从事的工作中，他们被要求重视与直接下属建立密切的联系与互动，而现在又被要求退居“幕后”，扮演“苏格拉底式”的教练型领导，这显然是很困难的。

第三，集团副总是否能够将公司整体战略放到部门战略前面？

很多的集团副总把注意力主要放在少数业务部门上，他们曾经更看重某一个或某几个业务部门的业绩，但这样会阻碍公司总体战略的发展。因此，集团副总需要进行多角度思考，并充分考虑各方面的需求和问题，进而形成一个总体方向。这一战略性的思维方式是区别于其他各层级的领导者的。

集团副总的职能表现

1. 业务部门与整个公司之间的枢纽

虽然集团副总领导事业部总经理，批准后者的业务规划，但这并不意味着他们亲自参与具体业务。事实上，集团副总更希望能改变业务战略、质疑价格策略、强化生产部门等，做那些他们在升职之前所擅长做的事，但更重要的还是要评估事业部总经理工作的有效性。集团副总必须要表现出一种克制的精神，这一点与事业部副总经理的领导水平转型十分相似。即便是在最大、最复杂的组织部门，通常也只有两三名事业部总经理是公司优秀的领导人才，他们将会成为公司未来的高管。公司如果不能有效地培养好他们，那么未来将不得不从外部引进人才来担任公司的高管。各级领导者虽然都对培养领导者十分重视，但在集团高层，这种对人才的培养显得尤为重要。

集团副总必须要学会评估事业部总经理的战略规划，而不是亲自做出指导，这样做的目的是为了帮助其发展自身领导能力。他们必须减少将一个行之有效的战略交给下属执行这样的事情发生，而是要让下属自己去设计部门战略规划。最佳的集团副总必须能够敏锐地识别、判断下属的战略计划，并通过询问和观察确定其是否能够胜任管理岗位，其思维是否受到目前职位的限制。当然，战略评估能力在长期的实践中才能练就，这也正是成功的关键所在。

另外，集团副总还必须学会越过财务结果来评价事业部总经理，但要想找出除了财务结果以外的衡量标准是一件困难的事情。正如前文所述，事业部总经理在很大程度上是因为他们学会了整合各部门的需求和问题才取得成功的。那么当事业部总经理被集团副总要求从更广泛、多角度的视角考虑问题时，将会作何反应呢？能否把包括顾客和供应商在内的各方面因素联系在一起思考呢？在必须协同多个部门才能实现一个雄心勃勃的目标时，是否会感到慌张呢？集团副总要注意观察他们在遇到这些困难时的表现，从而综合评判其才能高低，这些辨识能力是他们必须重点掌握的。他们要让下属明白，不仅仅需要对财务指标负责，还要对其他各方面的工作尽职。

在时间管理上，集团副总还需要花费大量的时间在事业部成员的交流上。对于他们而言，有一项非常重要的能力必须要掌握，那就是从候选人中选拔出未来的事业部总经理。这并不需要超常的天赋，仅仅需要在必要的时间观察下属的业绩能力和动机就可以做到了。通过授权下属管理和协调部门工作，进而观察其表现，并进行深入的沟通。如果集团副总愿意花时间在上述工作中，就可以准确地对事业部总经理的才能做出判断，这也将促进形成值得信赖的领导团队，而他则无须亲自过问具体业务的运营。

虽然一些事业部门总经理有着“诸侯割据”的心，但还是必须使自己的业务部门与公司整体的战略和目标相贴合，而这一点在很大程度上取决于集团副总的监督和强化。在很多方面，业务部门都会对公司整体产生影响。例如，当某个业务部门因为某个问题而触犯法律时，该业务部门也就成为了整个公司在公众心目中的代表。一旦品牌形象受损，整个公司都会遭殃。

因此，集团副总必须保证各部门在追求利益最大化的同时，遵守法律和公司规章，从而维护和提升公司的品牌形象。他们不仅要通过做正确的事来盈利，还要通过采用正确的方法来盈利。为了更好地监督各业务部门严格施行公司的价值观和各项规定，集团副总必须要培养出值得信赖的部门总经理。如果想要单凭一人之力来完成这项工作，那必然会出现问题。

集团副总还有另外一项工作，涉及资金的调拨。集团副总不仅负责各业务部门的赢利，还掌握资金在各业务之间的流动，这要求他们必须实现一个重大的思维转变。与事业部总经理专注于特定的产品和市场这样相对狭隘的视角不同，集团副总必须要保持一个更加宽广和客观的视角。在每一次资金调拨的决定做出之前，他们需要评估这项业务的成功概率，判断哪些是增长潜力巨大的产品，并学会进行准确的财务分析。无论如何，正是因为部分事业部总经理不愿接受公司的这种分配，并且怀疑集团副总在这方面的决策，才阻碍了其对资金的调拨以及决策的做出。

第三项相关技能是区分业务先后次序的能力，例如判断业务部门的战略是否最佳、最符合公司的总体战略，进而判断哪项业务最应该得到充分的资金支持。集团副总必须首要做到：在最有利于公司的业务和支持自己的主管部门业务中进行合理分配，使其达到平衡。因为有利于公司的事不一定对某各业务部门也有利，因此，这也考验了集团主管运用知识、分析能力、个人信用与直接下属和公司高层之间保持良好关系的能力。由此可见，集团副总是一份很微妙的工作。他们凭借着自己的公正和在经商方面的精明，取得各方对自己的尊重，从而使这场“高空表演”能够顺利完成。

2. 发现新大陆

作为集团副总，他们必须习惯于思考无形的事物，并以此做出相应的战略对策。而在此之前，他们主要的关注对象大多是有形的。多数集团副总的主要业务都属于部分行业，因此在市场和技术等方面会有重合之处。各式各样的潜在机会存在于各个行业中，而集团副总需要做的就是发现并分析这些机会。如果某个机会被发现，那么他们还必须要决定是否对此进行开发，使其成为一项新业务或者并入现有的业务中。同时，他们还必须要从高层次上展现自己的战略思维能力，必须有效地预测出这个新行业的未来领军人，以及即将进入的企业和产生的创新。

例如，如今“互联网 +”成为了最重要的商机。考虑到集团副总之间业务的不同，“互联网 +”可以渗透到各业务当中，并带来无限商机。那么，集团副总可以根据以下问题来评估各种可能性：

应该在每个事业部门中都建立一个电子商务平台，还是在集团副总所主管的多个事业部建立一个电子商务平台，又或者仅仅是整个集团共享一个电子商务平台？

从顾客的角度来看，什么才是最佳的电子商务战略？

为了增强集团总体的市场影响力，应该实施怎样的战略？

电子商务能为集团带来哪些长期利益和短期利益？如何使其达到平衡？

……

电子商务会给公司带来什么样的威胁？应该如何避免？

更重要的是，要学会利用电子商务去发展传统业务中隐藏的新机遇，而不是一味地去扩张。集团副总必须投入大量的时间去学习、思考和规划才能做出相应的决策。

3. 工作的红灯

很多集团副总没能真正实现领导水平的转型，导致他们不能直接为下属提供正确的支持。在旧的工作理念的影响下，他们会把自己的成功与下属们的成功分裂开来，这对集团副总而言是非常危险的行为。下述案例中的艾瑞克就是这方面的一个典型，他在领导水平转型期间苦苦挣扎，最终仍然没能成功，结果在任职集团副总期间出现了危险的红灯行为。

艾瑞克在一家大型跨国公司担任区域负责人，身为美国人的他在开拓波兰市场时竟然大获成功，并因此被提升为集团副总，这也是众望所归的结果。在担任公司整个东欧业务的主管时，艾瑞克必须倾听来自六个国家的业务负责人的汇报，而这些人都是他在担任波兰的负责人时的同僚。

虽然在波兰大获成功，但在新的岗位上，艾瑞克还是显出了疲态。艾瑞克总是在和下属们竞争而不是提供帮助和建议，这使得他们抱怨连连。艾瑞克总是说："战略规划不完整，缺乏充足的数据支持，与我在波兰做的相差甚远。" 而当下属要求讨论一个关键问题或者一项新交易时，他总是回答："稍后几个小时，我就到。"

他总是为了完成某项交易而往某地跑。他走访每个国家，为具体的问题提出解决方案，并代替区域经理对产品和定价做出决策，而这也占用了他大部分的时间。这使得艾瑞克对下属们的作用完全发挥不出来，而下属们也很少寻求他的帮助。随着东欧业务的不断增多，区域经理需要更多的资源来开拓"新大陆"。此时，他们发现可以更轻易地从财务部门系统直接获得想要的资源和预算。于是，财务经理一级级地找到了公司最高财务主管，这使得艾瑞克十分恼怒。

沃顿商学院的一位教授曾在波兰与艾瑞克共事过，艾瑞克打来电话向教授征求意见。于是，沃顿商学院的教授们来到了艾瑞克的办公室，当时，他的一位区域经理刚刚辞职并随即加入了其竞争对手的公司，这使他大吃一惊。在和艾瑞克谈过之后，教授们又拜会了其他几位区域经理，真相也就水落石出了。在艾瑞克看来，他成功负责了每项业务，但在对下属经理的管理上却失败了。另外，他从来就没有爱上教练辅导下属的工作，甚至想尽一切办法去回避它。他喜欢具体业务，更喜欢具体行动。而大部分区域经理也非常聪明、精力充沛，在其业务不断增长的同时，他们的能力也亟须得到增长。艾瑞克还觉得，他们中的一部分是有能力取得出色业绩的，根本就不需要来自上级的支持，依靠其自己的能力就能取得。

所以，我们会看到，虽然艾瑞克成为了集团副总，但却没有成功转换工作理念。他的问题主要体现在以下四个方面：

第一，按照旧有理念工作。

为下属部门制定具体战略，指导事业部总经理工作，决定产品和服务的改变，仍旧把自己当作事业部总经理一样工作。这是最常见的一种情况，这一系列行为都表现了他在领导水平转型中遇到了挫折。另一方面，事业部总经理总是感到自己在做事业部副总经理的工作，根本无权做出相应的决策。

第二，与集团公司相对立。

一些集团副总回避公司层面的工作，维持着与集团公司对立的状态。上任初期，他们把大部分时间都花在与工作无关的具体业务上。最终，导致了自己与公司总部的对立，并常常用“瞎指挥”等词汇来表达自己的不满情绪。因此，一旦我们听到某位高管说“这并非业务型高管工作的地方”，就说明了他并没有成功地实现转型。集团副总应该投入1/3 左右的时间在公司事务的处理上。如果他们将这个时间缩短为不到10% 的话，那一定是出现了问题。公司高管需要正视公司的需求，而一旦他们忽视了对这一需求的理解和积极配合的话，将可能使情况变得糟糕。

第三，忽略新机会。

我们不能轻易断定一位集团副总能不能立即对主管业务的新机会做出反应，因为他需要一定的时间去获得新领域必要的知识。往往需要几个月的探索、研究和分析才能熟悉一个行业，然后他才能去识别新的问题和机会，进而发展新业务，或拓展现有业务。而那些抱怨上述工作毫无必要，或者逃避相关艰苦工作的领导者是很难实现领导水平转型的，另外，那些只关注现有业务的领导者也可能会面临失败。

第四，放弃培养事业部总经理。

集团副总的一项重要职能就是培养事业部总经理。如果集团主管们不花时间去了解下属，与其沟通，重视对他们的培养的话，也就意味着主管们失职了。

集团副总的培训、评价和体验

对于集团副总的培养，我们可以来看一个例子：

路易是一家全球珠宝集团的区域业务负责人，也是集团副总的主要候选人之一。为了提升路易的能力，集团在他原有业务范围的基础上，又指派他分管了两个拉丁美洲国家的市场。这两个拉丁美洲国家，一个是中等国家，产品种类相对丰富，但上市的新产品种类较少；另一个则是有着复杂市场的大国。这对于任何区域负责人来说都是不小的挑战。为此，路易调查了两国的市场，并在获得数据的同时得到相应的监督和指导。此后，集团又为他安排了以弥补他领导水平弱项为目的的特殊任命，如被指派领导一个任务小组，负责解决涉及整个地区分销渠道的问题等，不同岗位的体验和不同任务难度的历练都为他将来担任集团副总奠定了良好的基础。

优秀的公司总是把集团副总的培养作为重要职责。例如，通用电气公司和花旗银行的领导人才继任计划，它将集团副总候选人的培养作为重点项目，并安排了一系列的任务以培养其管理多项业务的能力。

集团副总最主要的工作就是对多个业务部门的管理。其中，最理想的结果是每个人都有路易那样的机遇，被授权管理多元化业务，这会帮助他们实现从管理一项业务到多项业务的模式转换。虽然现在某些集团副总是从管理单项业务的工作中逐渐成长起来的，但多数集团副总只有在管理多元化业务后，才能适应新岗位。

集团副总通过亲身经历和教练辅导，学会了战略评价。在根本上，他们最需要掌握的是通过提出正确的问题，查询数据背后的关系来帮助事业部总经理制定出一个更好的战略规划。因此，集团副总必须学会评价下属提出的多种战略选择，分析潜在的风险，并最终告诉下属未来的选择。其中的某些战略性技能在一定程度上是可以通过培训获得的，而公司的战略规划部门中专门的评价战略专家可以负责向他们传授这方面的知识和技能。不难看出，大多数集团副总对这方面的知识和技能，尤其是业务组合管理和兼并收购方面的内容，都十分渴望。

另外，集团副总还必须要从事业部副总经理中培养出事业部总经理。而在这一阶段，选拔工作显得尤为重要，同时这也是领导梯队建设的一个重要阶段。然而，现实中很多事业部总经理却不能成功实现领导水平的转型。即便在早期曾接受过人才评估和选拔的专门训练，集团副总也还需要再次接受人力资源专家所提供的相关培训，这对于完成这项工作而言非常重要。通常，判定一位领导者是否具备担任事业部总经理这一职务的素质是很困难的。首席执行官经常参与事业部总经理的选拔工作，而一旦集团副总推荐了错误的人选，将会给自己带来极大的负面影响。培训的目的正是为了帮助集团副总对工作内容和候选人资格进行定义，明确并理解与候选人进行谈话的主要内容。其中，最理想的结果就是有一个人在面试和选拔中帮助集团副总选拔出恰当人选。

培养集团副总把具体业务和公司战略协同起来的能力，是首席执行官的工作内容之一。在部分集团副总看来，这其中存在着必然的联系，但事实并非如此。经验丰富的首席执行官会将这种思想灌输给集团副总，确保其能理解并重视整个公司的诉求，进而明确公司的标志性项目和公司对外展现的形象。但有一点首席执行官必须注意，那就是不能捆住集团副总的手脚，应该恰当地授权，让对方合理利用公司人才。

最后一点就是，培养集团副总需要一套评价的标准，这一点十分重要。单纯依靠财务指标是不能很好做到这一点的，因为这些指标可能会使得集团副总把自己的工作重心放到业务利润最大化上，从而导致事业部和部门领导者的中心下移，纷纷追求最大利润。为了避免这种情形的发生，集团需要把选拔和培养事业部总经理、排列业务优先顺序、维护公司行业地位，以及正确评价、规划新业务纳入到集团副总的评价标准内。

第九章
高级管理层级（二）：首席执行官

首席执行官，一个企业的掌舵者，他必须接受来自执行力、企业软实力、战略决策、长短期目标平衡等各方面的挑战，才能真正转型为一名成熟的首席执行官。这也就注定了他的培养过程是相对漫长的，需经历每一个管理阶段的锻炼来积累各种技能和业务经验。

案例：转型首席执行官

首席执行官的成功转型并非只和年龄有关，因为年龄不代表经验。杰克·韦尔奇初次担任通用电气的首席执行官时也不过45岁。在上任后不久，为了能让自己迅速适应首席执行官的角色，杰克·韦尔奇几乎通过了各种领导水平的严苛考验，全面了解了企业的面貌，收获了丰富的经营和管理经验，最终成为了通用电气成功的首席执行官。另外，花旗银行的首席执行官约翰·里德上任时也不过40岁出头，而且更让人吃惊的是，他在上任前几乎没有银行的相关工作经历，只是在上任后积极学习，充分磨炼自己，积累各种银行经营的经验，最终通过了各项考验，成为了一名被社会和业界所肯定和普遍认同的成功的首席执行官。

不论是杰克·韦尔奇还是约翰·里德，他们走向成功的首席执行官的道路都十分曲折坎坷，而且他们担任首席执行官时都很年轻，那么决定他们能够在各自公司首席执行官职位上一待就是20多年的重要因素是什么呢?

答案就是学习，并且必须是持续不断的学习。

现代企业发展的更新速度注定了很多年轻的管理者会以一种史无前例的速度擢升到高层，还有不少人会成为企业的首席执行官。他们大多和杰克·韦尔奇和约翰·里德差不多大，甚至在某些知识型行业当中，他们的年龄还不足40岁，还可能更低。年轻的管理者们要从一个普通的管理领导阶段快速跃升到更高的全局的管理领导阶段，这其中最大的困难便是缺乏各个层级领导水平的磨炼，这会使他们很难给企业制定准确的实现目标。因此这当中就有一些并不成功的转型案例，尤其是年轻人自我创业，尽管他们也可以吸引大量的优秀人才，积极准备公司上市，只是最终要带领企业实现目标还是面临很多困难。

可见，成功的首席执行官必须经历足够的培训和历练，缺少了这一点，无论是对企业还是对个人都将是一次冒险。

首席执行官应具备的素质

从现代企业发展的情况来看，首席执行官的作用越来越受到社会的广泛关注。选拔一个合适的首席执行官，技能、性格等方面的特征也是需要着重考虑的。既然对首席执行官需要完成的企业长短期目标有着一定的要求，那候选人的经验、技能、能力和性格特征等指标都要非常清晰明确，随后再进行长期且周密的培养，如此选拔出的人才才更适合担任首席执行官。那么在个人特征上有哪些具体要求呢？应该说，主要有以下三个方面：

第一，要有很强烈的使命感，要有能够为企业业绩愿景奋斗的决心；

第二，要对企业的发展有一个清晰的构想；

第三，要能够积极与社会利益各方有效沟通，并对企业的愿景、战略和执行计划形成共识。

有人认为，具备这些素质的首席执行官已经可以在企业的管理当中独当一面，事实上并非如此。除了上述素质以外，要让一个管理者成功转型为首席执行官，还有一点也不容忽略——他们必须了解下属的每一个部门、每一个员工，企业中的每一个元素被放在哪些地方才能最大限度地发挥出他们的价值。要做到这一点，反复的历练是首要的要求，其次还需要尽量不出现失误。

首席执行官在企业发展中不但要对人事做出准确且及时的判断，而且要通过一系列成功的策略来增强企业的执行力和竞争力。因此对他们来说，如果缺少学习的积累和时间的磨炼的话，是很难成为一名成功的首席执行官的。工作的复杂性注定了首席执行官的转型是个周期较长的过程。一般来说，新任的首席执行官要适应新的角色和新的工作需要两年左右的时间，这期间他要熟悉企业的业务，了解企业的内部文化，提升企业的软实力，构建一个团结高效的管理团队，为企业制定合适的战略发展目标等。若是企业正处于逆境中，还有可能会延长到三四年。

如今，太多的首席执行官的晋升速度太快，他们在被推上企业的高位时是否已经具备了首席执行官必要的素质，是否已经经历了所有的发展阶段……关于这些问题不少企业都难以作答。仓促上阵的结果只会是缺少准确的判断力，在企业面临新问题或者不确定的形势时，无法做出适合企业发展的战略决策。

可见，并非出色的领导者都能成功转型为合格的首席执行官。首席执行官面对的是整个企业，他要有其他层级管理者所不具备的特殊领导技能、时间管理能力以及工作理念等。

首席执行官所面临的挑战

为何其他层级的管理者要转型为首席执行官总是如此困难呢？事实上，作为一个首席执行官，他要对内外的多个利益群体负责，其中包括董事会、投资人、合作伙伴、员工等，这和其他管理层所面对的相对单纯的群体有着很大的不同。在同这么复杂的群体打交道的过程当中，首席执行官的一言一行都会受到这些群体的密切关注。因此，即便是最成功、最有才华的集团副总，在升职担任企业的首席执行官时，也要面临诸多严峻的挑战。下面就具体来探讨一下这些挑战。

1. 注重长短期利益的平衡，实现企业可持续发展

俗话说，罗马不是一天建成的，企业的发展也是这么个道理。短期业绩的快速增长固然可以说明首席执行官的能力，但是否只因为一两个季度的盈利目标不理想就能推断首席执行官在管理能力上有严重的缺失呢？显然，这是不合理的。实际上，企业的每一个投资人、每一位分析师对企业及其首席执行官的评价，都是以企业的利益目标最终能否实现作为衡量工具。当然很多时候企业短期内所获得的收益是他们能看到的最直接的成绩，因此在运营过程中任何一点偏离预期目标的业绩都会影响投资人和分析师对首席执行官的看法。不过，他们也不总是把短期目标看得比什么都重，企业长远的走向也是投资人和分析师从现有业绩中能够分析出来的。所以，为了赢得投资人和分析师的信任，避免出现信任危机，首席执行官上任后的第一个挑战便是平衡长期目标和短期利益

之间的关系，这也是他们面临的第一个生存考验。

大多数情况下，高管在向首席执行官角色转型的过程中，对领导水平考验的第一个阶段便是首席执行官能否实现企业的可持续发展，这需要他们在企业发展的不同阶段学会权衡利弊，见微知著。短期业绩的实现固然可以算是首席执行官迈出了坚实的一步，接下来要做的譬如如何预测未来的发展趋势，调整企业的短期策略，使之适应长期发展的战略目标等，对于首席执行官来说更为重要。在这种不断调整适应的过程中，首席执行官就能变得目光远大，长袖善舞，在处理和沟通内外各种利益群体的关系时也能够更加熟练和自信。从首席执行官自身成长的角度来说，他们在这个挑战中培养出了刚毅的个性，敢于迎难而上，果断地做出决策和判断。通常，能经历多次短期目标与长期目标平衡博弈考验的首席执行官，都能成为领导团队中的佼佼者。譬如上面提到过的通用电气的杰克·韦尔奇，以及英特尔的安迪·格鲁夫等人，他们之所以能稳坐首席执行官职位 20 多年，与其经历过无数次长短期策略平衡的挑战有莫大的关系。

2. 找准企业的发展方向

作为一个把握企业发展全局的人，首席执行官要先为企业发展找准方向。市场是始终处于变化当中的，要让企业一直稳定发展，首席执行官就要凭借其专业的知识和敏锐的直觉，为企业找到一个合理且富有远见的发展目标，从而实现相对平稳的发展。

为企业找准方向，需要首席执行官精通战略、擅长定位，这些关键能力缺一不可。现在，尽管不少企业的首席执行官身边有咨询公司的帮助，但仍有人感觉这项挑战让他们头疼不已。找准方向不是说说而已，也不是一项内容单一的工作，它需要首席执行官针对以下问题做出相应的决策，并由此综合分析最适合企业发展的目标和方向。这些问题包括：

企业前进的方向是什么？

企业所处的行业发展近况以及变化如何？

企业未来的商业模式是什么？

市场的竞争格局如何？

毫无疑问，这些问题是任何首席执行官在思考企业发展前景时都无法逃避的问题，首席执行官必须针对这些问题做出详尽、贴合企业发展实际且具备远瞻性的回答。如果认为提出一个愿景规划就算是成功应对了这项挑战的话，那想法就太过于简单了。仅仅是宏观的规划蓝图，内容缺少实际重点，是毫无意义的。首席执行官只是对公司发展方向做出此类回答，是远远达不到回应此项挑战的目的的。

真正面对挑战的做法应该是，先由首席执行官为企业的长期规划设定一个明确且具体的概念，再从这个概念出发为企业的每一步发展及其过程中所遇到的难题逐步提出要求。首席执行官的魄力和勇气就在这个挑战中展现出来。

实际工作中，不只一位首席执行官的经历证明，当他们第一次为企业设定发展方向时，总是显得信心不足。这一项他们从前从未做过的、让很多新上任的首席执行官一听就生畏的工作却是评估他们领导水平的最具体的指标之一。经历了如此考验的首席执行官，就有了勇于承担风险的勇气，他们更善于在复杂的情形下为企业深思熟虑，规划出最适应企业自身特点的发展蓝图。

3. 培养企业竞争软实力

企业的本质是社会性质的组织，在这个组织内部，人和人之间的关系决定了组织的软实力。人们一起工作所产生的能量的大小、正负，都取决于人与人之间的关系，积极的人际关系会给企业带来强大的软实力。所以，首席执行官若要培养企业竞争的软实力，就必须从重视管理好企业内部人际关系和工作环境开始，这是他作为企业掌控人的重要职责之一。

事实上，并不是每一位首席执行官都能够时时关注企业内部人与人之间的软性问题，也并不是每一位首席执行官都能够通过管理组织内部环境来推动硬性业绩的实现。综合那些成功首席执行官的经历来看，软实力的培养是他们成功的关键，尤其是要懂得如何激励员工，如何通过发挥企业内部环境的管理效能，推动企业的发展和业绩的达成。

员工是需要不断激励的，这样企业内部各个层级的潜能才能被激发出来，特别是对直接完成业绩的基层员工，激励更为重要。电子数据系统公司（EDS）的首席执行官有一个不成文的传统做法，他会定期给自己公司旗下全球 14.5 万名员工发送电子邮件，邮件的内容是公司近期的盈利情况。首席执行官这么做只是为了让员工更快更直接地了解自己所处公司的发展状况，以及自己通过工作对企业做出的贡献。员工在收到邮件之后，也可以针对公司的发展向首席执行官提出反馈，有时还可能是十分尖锐的意见和问题。很显然，这一做法并非首席执行官的职责，但 EDS 的首席执行官却坚持了下来，还将此作为自己工作中的重要职责，也证明了此做法的优势所在。简简单单的电子邮件往来，却让最基层的员工和首席执行官之间建立起了最直接的联系，同时也优化了员工和最高管理层之间的工作关系，无形中公司内部的积极关系就在和谐的氛围中培育起来了。

企业的发展和人力资源的合理调度关系密切，特别是在市场竞争如此激烈的今天，一个身怀多种技能的人很可能会因为所分配岗位的不合适而瞬间成为一个毫无价值的人。因此要提升企业的软实力，首席执行官要非常清楚一个道理，选拔合适的人固然重要，如何合理配置人才资源更为重要。首席执行官要在合理配置人才资源的基础上，从管理层面上增强他们的能力。因此，首席执行官在对待人才的问题上要从提升企业的软实力上综合考量。这是与其他管理层级选拔人才和培养人才的工作所不同的，他需要担负起人才选拔、培养、分配和提高的全部管理过程的责任。

4. 重视战略执行

如上面所说，很多人会误以为首席执行官就一定是个精明的战略家或是个富有远见的有战略头脑的领导人物，其实不然，但有一点确实是必须保证的，首席执行官要有很强的执行力，并且他要将执行力落实到企业内外的发展中去。换句话说，首席执行官要让企业能够将自己所制定的发展战略执行到位。战略执行对于企业发展的重要性是其他一切力量都无法取代的，这就要求首席执行官要将企业的战略执行力放在首位。如果一位首席执行官在决策过程中总是优柔寡断，或是在困难面前知难而退，企业的发展就会因为执行力不强而遭到重创。

在市场全球化发展的浪潮下，企业对执行力的要求远比从前高得多，首席执行官更是要重视企业战略的执行。信息时代所带来的电子商务行业的兴起，势必让各行业之间的竞争呈现出白热化状态，消费者由于信息的充裕而被赋予了更多自主选择的权利，他们不再像从前一样总是被动地接受企业的宣传，而是变得更有主动权。有一句广告语形象生动地形容了现如今消费者角色的转化——“他们购买的是牛排，而不是煎牛排的嗞嗞声”，显然只有实实在在的宣传才能够吸引到消费者的注意，而这一切所依靠的就是企业的执行力，只有真正意义上的执行才能带来实质性的发展。

那么首席执行官应当如何重视企业战略的执行呢？这个看似很简单的问题却实在不简单，因为在增强执行力的过程中，总是存在着大大小小的细节，这也是首席执行官最受困扰的地方。可是优秀的首席执行官并不会惧怕这些细节和困难，反倒会觉得它们的存在正是实现自己价值的机会，同样，对于企业来说，它们也是实现企业价值的关键所在。对此，首席执行官需要从增强企业战略执行的角度出发，坚持不懈地用以下问题来鞭策自己：

（1）自己的表现究竟如何？

首席执行官必须从这个问题当中获得正面的回答。首席执行官越早预测未来会发生的事情以及企业的业绩目标，就越可以健全企业中心的管理体系。

（2）自己是否了解正在发生的事情？

企业执行力的基础之一是要从重要事件中寻求信息的最新进展。首席执行官要了解这些信息的进展须从与顾客和员工保持紧密的联系开始，只有这样，才能够对企业和市场的最新情况了如指掌。沃尔玛的创始人兼首席执行官山姆·沃尔顿常年保持着一个习惯，就是每天都会到卖场里转转，这么做是为了能够第一时间了解自己的卖场发生了什么。此外，万豪国际酒店的首席执行官比尔·马里奥特，一年 365 天几乎大部分时间都在走访各家分店，只为观察各家门店的日常经营情况，尽早发现优势或不足。应该说，作为一名优秀的首席执行官，了解企业总体的运行情况是必要的，重视战略执行的第一步就是了解日常情况，并据此采取相应的战略行动。

（3）员工是否报喜不报忧？

很多时候企业都是报喜不报忧，当有不好的事情发生时，他们习惯先为坏消息辩护，或是干脆不把坏消息告诉首席执行官。长此以往，糟糕的情况没有得到及时的处理，一点点累积后最终到了危机的临界点，首席执行官所预先设定的业绩目标已经难以实现，此时再去挽救为时已晚。首席执行官要防止这一情况的发生，要让员工们了解报喜不报忧的危害所在。

（4）董事会是否能合理授权？

首席执行官能否很好地发挥自己的能力，取决于董事会是否合理授权，以及履行授权后的结果。只有董事会能为首席执行官的战略负起责任，并对企业管理层的管理效果以及企业的市场适应情况保持关心，首席执行官对于企业执行力的重视才能够真正落到实处。

（5）企业里是否有一支高效且充满活力的团队？

首席执行官所管理的团队若是缺乏效率且少有凝聚力的话，企业内部就很难有强大的执行力。内部共识难以达成，首席执行官也就无法创造出让人信服的业绩。

从企业战略执行的角度来考虑，首席执行官能否顺利完成转型，和他能否就提高执行力来调整自己的管理才能、工作理念等有关。也就是说，首席执行官预先设定的企业业绩和目标，能不能从提升执行力的角度来完成，是执行力外在表现的关键。因此，首席执行官要先了解企业业务的基本情况，再就是要有一种天生对企业发展与盈利方向的直觉。具备了这两个素质之后，他们需要投入大量的精力去判断企业的走向是否准确，是否能够在短时间内发挥企业自身具备的优势，最终实现企业利益的最大化。

5. 全球化背景下的生存考验

企业的生存离不开必要的商业环境，企业在社会的大环境中生存下来，目的还是为了回报社会。所以在全球化发展的今天，所有企业都要参与到自己所面临的全球性问题当中，例如环保问题、健康问题、安全问题等等。而企业的首席执行官，更应该了解企业的社会性特征，积极倡导与企业的相关利益方一同参与到这些活动当中，接受社会对企业提出的各项考验。

不少首席执行官在上任之后忽视了这方面的问题，他们缺乏相关经验和管理方面的常识，于是他们只是单纯关注企业的市场情况以及内部的管理队伍建设，却不知道企业自身与社会问题之间的联系，比如环保问题，与其他国家的发展关系问题，等等。这些首席执行官并非不具备关注这些问题的自觉性，确切来说，他们是不怎么知道该用什么方式去应对这些社会问题，去面对这些同企业有关的利益群体，所以他们在工作和管理当中常常无意识地为自己隐去了这些问题。实际上，当企业处在更为广阔的社会环境中，处在全球化背景下时，要生存，要追求卓越，就必须实现经营和管理理念上的大转变，而这种转变首先是从首席执行官开始的，他们要经历一个自己从未经历过的环境，并在这个环境当中逐渐实现自己的转型。

从工作理念实现根本转型

前面说过了转型为首席执行官要面临的五大挑战，事实上归根结底还是要从工作理念上实现根本的转型。单纯就工作理念来说，首席执行官就同普通的管理岗位有很大的不同，所以在此方面必须要有所区别。

1. 从短期目标到长期发展的转变

上文提到的五大挑战中有一点就是首席执行官要学会在短期目标和长期利益中取得平衡，再给企业规划定量的业绩指标。尽管很多时候大家会认为长期的计划更重要，但与此同时又无法接受短期内企业毫无变化。这种矛盾心理是不利于企业理念和经营方向的转变的，要知道一种企业文化的形成和改革是长时间的，包括业绩目标的实现都有一个必经的过程，而这一过程往往不可能在短时间内完成。因此，比起其他管理者来说，首席执行官应该付出更多的耐心去期待企业循序渐进的转型，而不是急功近利地要求短时间内取得成效。企业转型本身就是个巨大的挑战，它不可能让首席执行官同其他员工一样在自己的职业生涯中快速实现自己的价值。它是缓慢的，同时也是考验首席执行官远见的一个关键点。在首席执行官们常犯的错误当中，有一个就是他们常常会在实现充分实施和产生量化的结果之前就轻易地放弃一个周期很长的项目，比如质量改进的项目，这样做的结果就是让企业错失了极好的发展机会。

首席执行官常犯的错误还包括他们有时很难将自己的注意力只集

中在几个主要的项目上。对于事业部的经理和集团的高管来说，目标是一长串的，而一个接着一个的实现便是他们获得成就感的来源。但是首席执行官与他们不同，首席执行官所接触的项目数量不多，而且周期都比较长，所以要从中获得成就感总会比高管们难得多，仅有的几个项目很难叫他们轻易满足。就比如首席执行官期望改变企业的一贯形象，但这种项目没有几年的时间是无法达到的。那么从中级管理层到首席执行官就要适应这种目标实现周期的转变。从前是快速实现多个短期目标，换到首席执行官的岗位上，就常常是要为了一个长远的目标而奋斗。因此首席执行官所面临的是一个看似悖论的问题，一方面长远目标的实现和成就感的满足需要一定的耐性，其次又要为实现这一目标中的一个个短期业绩而努力。要解决这个问题不是没有办法，无非就是要让首席执行官学会在处理不同问题上用不同的速度，张弛有道，绝对不能在工作上“一刀切”。在长短期目标中寻求一个平衡的支点是身为一个合格的首席执行官必须掌握的能力。

2. 学会听取董事会的意见

听取董事会意见是首席执行官工作理念转变的又一关键。首席执行官大多数时候都掌控着企业的“生杀大权”，特别是在企业的业务局面上，要让他们悉心听取他人的建议有时候不得不说是巨大的挑战，他要实现一次角色定位的转变。通常情况下，管理层所获得的建议都来自于自己的同事、上司，而对于首席执行官来说，他们不但能吸收来自于员工、同事的意见，还要关注董事会的动向，更重要的是，董事会的建议和员工的想法有着很大的不同。董事会成员相比业界的同行来说显得不那么专业，他们可能会提出比较肤浅的建议，还常常缺乏实际的依据，有时候，董事会甚至会提出一些与首席执行官所提出的战略目标或决策相悖的建议，不少首席执行官都会因此低估来自董事会的建议，甚至是拒绝听取他们的想法。

那么，董事会的建议是否真的一文不值呢？当然不是。首席执行官在掌控企业发展全局时，还要注意保持对董事会的开放姿态，悉心听取来自董事会成员所提出的各种意见和建议。虚心坚持学习的态度，才是一个成熟的首席执行官的做法，多接纳他人的建议有利于首席执行官做出恰当的决策。即便是董事会成员所提的建议不够有见地，也必须保证他们有这个权利，且保证他们所提出来的建议能够被重视。

3. 善于发问

听取他人意见的前提是善于向他人发问，作为首席执行官，若是要得到各方的意见，首先就要学会如何向他人提出问题。纵观成功的首席执行官的经历，任一首席执行官都免不了要向各方利益群体，包括企业内部的各级管理层和员工提出问题，再听取他们的意见和建议。

向他人提问，这种做法听起来与以往观念中的首席执行官凭个人想法来做出判断的做法几乎是对立的。传统观念中，首席执行官作为企业中最高层级的管理者，必然是手握大权，有着很强的自尊心，又怎么能总是去向他人询问企业发展问题呢？传统思维当中已经将首席执行官视为一个集权力于一身的人，现实当中确实有不少人是因为强悍的作风而登上首席执行官的岗位，但倘若在担任首席执行官期间，还不对权力欲望加以节制的话，势必会成为他们向前发展的一大障碍。尽管首席执行官在企业发展的决策上拥有其他管理层所不具备的职务权力，但这种权力并非毫无界线。优秀的首席执行官懂得如何凭借手上的职务权力，更好地运转整个企业，调动各种力量来为自己的企业服务。因为他们心里很清楚，被动地让人臣服绝不是最佳方案，用职务权力来压制自己的员工最终只会适得其反，只有那些非职务的影响力才能充分调动员工内心的积极性和创造性，也只有这种力量可以持久。所以，学会向员工、管理层以及各方利益群体提问，是首席执行官提升非职务影响力的关键所在。真正有影响力的首席执行官都习惯于与各方利益群体分享自己的远见，以期激发他们的兴趣，最终的目的是为了调动员工的工作积极性和创造性，推动企业健康发展。

首席执行官最忌讳的就是刚愎自用，蛮横无理，总将自己视为企业的唯一决策者，从不向他人提问，也不愿意听取他人的反馈。时间一长，他很难听到真诚的意见，也不会有人愿意向其提出有建设性的意见，也无人敢与其意见相左。当然现实当中的首席执行官绝大多数不可能如此嚣张跋扈，不可能如此极端，但也有不少人不习惯充分理解和广泛听取身边的不同声音。他们中或许有人喜欢在固定的时间向自己信赖的顾问发出咨询，但这么做远远不够，对于首席执行官来说，仅仅听取一方之言是难以做到周全考虑的，有时候换个角度思考或许更有利于企业的发展。

警惕危机信号

新任的首席执行官会发现，在自己上任的初期，企业的业绩多会有所下滑，这是个很明显的危机信号，这种现象的出现一般和首席执行官转型成功与否并无太大关系，但是如何应对这次危机却能够反映出首席执行官在转型中的不少问题。很多时候，这种反映不够明显，要细细分辨才会看出他所遭遇的困境。概括来说，以下四种行为和态度都能说明首席执行官已经遇上了难题。

1. 忽略企业目标实现的过程

提到企业目标实现的过程，就不能不提及企业战略执行力的问题。新上任的首席执行官通常对如何制定和执行企业战略有些茫然。从他们上任后的一言一行就能发现，与其说他们不重视提升企业的战略执行力，不如说他们尚未找到最合适企业执行的方法和途径，例如他们往往不知道该如何配置资源，也不知道该如何让一个发展的细节落到实处。至于首席执行官自身的影响力，新上任的首席执行官们也很难巧妙地应用到位，在组织出现惰性或是其他障碍时，他们都难以以自身力量来排解。这些新任首席执行官们对于战略实践没有具体的想法，于是，很多企业的具体运营缺少检查和评估环节，员工和管理层的意见没有被听取和采纳，甚至连客户的反馈意见也都被忽略，这明显是企业战略执行不到位最基本的表现。

只不过上述提到的这些迹象很不容易被察觉。直到最终被察觉时，已经是财务指标滑坡了，这也说明了刚刚上任的首席执行官在执行上存在的问题已经十分严重了。正因为如此，很多新的首席执行官在茫然间就让自己的企业蒙受了损失，当他们察觉时，小问题已经慢慢积累成了大问题。概括地说，正是由于他们对企业运作各方面细节执行的忽视，导致了企业的不健康运转，最终造成利润的滑坡。

小公司的运转或许对于首席执行官来说困难还不大，短时间内他就可以掌握企业的运作状况，可是一个有着高成长起点，且处于复杂行业中的大型企业，要熟悉其各项业务和运营的情况是需要花费一定时间的。担任此类企业的首席执行官，只是一意孤行，不广泛与各个利益群体接触，或是干脆把执行交付于他人的话，是很难实现自我角色的转型的。

2. 忽视或是过于频繁地与外界交往

首席执行官与外界的交往是极其必要的。在不少人看来，与客户见面、参加官方会议以及社区活动等社交活动对首席执行官来说意义不大，这种观点其实是对首席执行官职责的误会。首席执行官对外的形象就是企业对外的形象，他有很大一部分职责就是要同外界接触，以此树立个人和企业的良好形象。

当然，不排除有些首席执行官会因为这种角色的诱惑力，而放弃自己其他更重要的职责。这样一来也就会让企业内部的战略执行无人负责。因此，不论是过分重视对外接触，还是对其视若无睹都不对，过于倾向任何一边，另外一边都会跟着出问题。忙于外界应酬而忽略内部管理势必会让企业失去发展的重心，而只执着于内部发展战略却忽视外界交往的话，也会让企业在市场竞争中被孤立。

3. 对软实力建设缺少投入

前面提到过企业软实力的建设，这是首席执行官上任之后面临的一大挑战，而软实力构建中最重要的部分便是做好人事管理，以及调配企业内部的人力资源。相较于处理企业产品问题，人的问题总显得困难许多，因此很多首席执行官都会在这个问题上有意地避开，就比如有些首席执行官虽然很重视企业内部的团队建设，却从未在意过选拔和培养管理层人才的工作，这也是很明确的在另一种层面上对企业软实力缺乏重视的表现。与之类似的忽视软实力建设的做法还有任人唯亲。不少首席执行官在上任之后就开始在一些重要的管理岗位上安排自己的亲友，到最后环绕在自己身边的人都是熟悉的人。不可否认的是，首席执行官有选拔和培养人才的权力，可是这并不代表着首席执行官可以在企业内部大兴任何形式的裙带关系，这种做法会给企业内部的员工传递一种不健康的讯息。企业内部因为首席执行官个人原因出现裙带关系，原本优秀的员工会因此丧失工作积极性，不愿意坦诚地面对管理层，提出对企业发展的意见和反馈，工作也会变成应付了事。

因此，作为首席执行官，要构建企业的软实力，协调好内部的人际关系，关键还在于建立一个公平公正的岗位选拔机制，明确权责关系。

4. 董事会反复追问一个问题

持有企业股份的股民在企业业绩未达到预期目标时，就会开始审查企业此前的各项工作，以期从中发现问题，与此同时，董事会也会追问首席执行官，提出很多很尖锐的问题。此时的首席执行官在董事会和股民面前若拿不出一个令他们满意的答案的话，就会被反复追问，与董事会成员之间的关系因此陷入僵局。尽管大多数时候董事会与首席执行官之间并非不存在敌意，但这也足以说明，始终被董事会追问的首席执行官确实是存在一定管理问题的，或者是缺乏某项关键的管理技能，或者是工作理念还没有完全转变，或者是还不够了解首席执行官的职责。

首席执行官的培养路径

培养一个成熟的首席执行官要面临多重考验，也要经历管理能力发展的多个阶段。无论采用哪种途径培养首席执行官，这些阶段都是必经的，每一个阶段都有利于塑造首席执行官的管理才能。现实情况中，越级担任首席执行官的例子也不少见，这种情况下，他们从普通管理层成为首席执行官没有经历必经的阶段，缺少相应经验的他们势必要为了迎接各种挑战而付出更加艰辛的努力。不管是对他人劳动和成功的看法，或是对企业内部各种业务部门业务的熟悉程度，越级培养的首席执行官都有很大的缺陷。一步一步按部就班来培养首席执行官的管理技能、管理能力以及工作理念，会对首席执行官自身产生持续性的影响。

1. 理想的成长途径

从首席执行官的培养途径来看，最理想的成长方法应当是早期就开始在企业内部的多个职能部门积累工作经验，再来担任首席执行官。因此早期管理者的经验累积是十分必要的，它有利于培养首席执行官候选者的领导水平，在不同的阶段、在不同的业务部门从事具体的工作可以帮助他们迅速熟悉企业的业务和发展动态。在职务晋升阶段，这些管理者还应该至少有一次海外任职经历，慢慢地随着企业业务规模的扩大，晋升为企业的高级管理层，最终成为企业的首席执行官。应该说，在这一成长经历当中，业务部门的管理工作是他们成长的关键，其中包含了管理一个新兴的业务部门和振兴一个正面临衰落的业务部门。首席执行官必须要通过这种途径来获得诸多正式和非正式的教练辅导，并以此作为提升自己的一个重要课程。

2. 高管转型首席执行官的有效方式

首席执行官若是从企业的高管转型而来，那最行之有效的培养途径首先应该是让他们接触新的业务群组，参与到管理中去。他们需要在这个同从前所管理的市场、产品和客户大相径庭的领域当中，快速熟悉全新的业务。采用这种培养方式有助于帮助他们做好上任的准备。毕竟企业的管理远不止一项业务，有着众多挑战，如果连一项全新的业务都无法顺利推进的话，那也就谈不上在首席执行官的岗位上管理好整个企业了。

除此以外，还有一个比较有效的方法，就是让这些将担任首席执行官的高管们主管企业的人力资源部门。选择人力资源部门的意图在于很多高管容易对此部门的业务不屑一顾，越是不了解，那么在培养的过程中就越要经历这方面的锻炼。从首席执行官必备的基本素质来看，对人力资源进行仔细、详尽的分析，对团队建设的长期规划是担任首席执行官的基本功。充分熟悉人力资源部门的工作流程，肯定该部门的重要性，有利于首席执行官在上任之后更积极地开发企业内部的人力资源，提升企业的软实力。

对于高管而言，在晋升首席执行官之前，还有一个颇为有效的方式，那就是广泛地接触董事会成员和专业的分析师。此处所说的接触不仅仅是让高管们列席会议，还要让董事会赋予他们更多的责任，包括陈述相关的业务报告，让他们在接触中了解董事会的意图和分析师的期望。

高管到新任首席执行官的角色转型伴随着工作中的学习，能够顺利完成转型的首席执行官，一定是抱持着开放的心态来面对每一个学习机会的，无论是商业论坛还是社交平台，他们总是习惯抓住每一个与其他首席执行官交流的机会，从中获益。同时，他们也在与其他群体的各种接触中保持着对知识的极高的敏感度。

企业里的首席执行官在选拔时经常是以智商水平和战略能力作为基本标准的，因此不少首席执行官都来自于咨询顾问。那么这种最为常见的人才选拔标准是否能够打造出成功的首席执行官呢？从实际情况来看，咨询顾问出身的首席执行官的表现并不完全出色，有时甚至还有些糟糕，之所以会出现这样的结果，原因还是在于他们一般直接被推选为高管，随后就成为了首席执行官，这过程中缺少了必要的管理能力的阶段训练。

从管理的层面来说，首席执行官需要很高的智慧，但这不是全部的要求。首席执行官管理整个企业，还要有确保企业战略有效执行的能力，他们要善于选拔人才，合理分配人力资源，以及评估企业业绩，对内对外确立良好的形象等。缺少了这些能力的首席执行官，只有向董事会做陈述报告的高智商，也是无法成功的。咨询顾问，对企业所处的内外环境有一定的了解，但是由于他们在从咨询顾问到首席执行官的转型过程中，少了其他素质和能力的训练，因此难以对员工和基层工作有很充分的了解，也就很难对企业内部的人力资源进行合理的调配，必然是会失败的。

所以说，在选拔首席执行官人选时，要充分考虑的一点就是让首席执行官上任之后，能够有能力保证获得成功。

第四部分

实例与法则

管理是变幻莫测的艺术，领导自然也各有千秋。不管采取什么样的方法，领导最终的目的都是为了让团队在正常的轨道上运行，保证工作的有序进行。在此将许多成功的或者说是值得借鉴的实例展现出来，供大家揣摩。管理跟其他艺术一样，也有自己的法则，遵循这些法则，领导团队就会容易许多。

第十章
如何在中小型合伙企业做领导

大多数中小企业，包括专业性组织，如律师、会计师事务所，管理咨询、金融机构，乃至诊所等都属于最高领导者和他人处于平级状态的合作性组织。通常情况下，中小型企业的领导者都是由合伙人推举产生。刚上任时，他们只是被假设有能力胜任该项领导工作。但只要一进入工作状态，他们就会开始思考如何使组织更好地发展下去，以及怎样立足于变幻莫测的经济环境当中，并保持竞争优势，树立自己的想法。

案例：架构复杂的合伙企业

拉塞尔·帕尔默是企业投资机构帕尔默集团的主席兼首席执行官，在创立公司前，他曾任沃顿商学院院长长达7年时间，而在此之前，他曾在会计和咨询服务机构工作27年。帕尔默职业经历丰富，并在这三种不同的组织环境中都取得了卓著的成就，这为领导者如何建立独属于自己的领导风格提供了指导。下面，我们会以帕尔默的经历和见解为读者说明，在不同的组织环境中如何有效地实现管理工作。

1974年，帕尔默成为Touche Ross会计师事务所（今德勤会计师事务所）的执行合伙人兼首席执行官。当时他年仅37岁，是Touche Ross创立以来最年轻的首席执行官，也是四大会计师事务所历史上最年轻的首席执行官。所以，刚刚出任首席执行官这一职位时，帕尔默对如何管理这家大型机构完全不知所措。

但是，在帕尔默任职的10年间，原本在50多个国家拥有300家以上分支机构的Tonche Ross，已经拥有了超过400家的分支机构，公司更是遍布在全球90多个国家。同时，各个国家的分支机构财务都是独立的，而且自己都有所属的董事会。公司所在国家不同，既不存在任何利润分摊，也毫无财务上的关联。但所有分支机构都有一个共同需求，那就是希望帕尔默可以以首席执行官的身份偶尔在分支机构现身。

假设，身为首席执行官的帕尔默每年都会亲自到访所有的分支机构，那他哪儿还会有时间处理其他事务呢？更何况，还有更多的事务需要帕尔默来处理，比如不同的经营习惯、风土人情和知识等。

在美国，董事会负责管理公司，而董事会主席则完全独立于首席执行官和执行合伙人。一般情况下，公司有三大机构，一是管理委员会，是由大约15位来自不同地区的代表组成的执行委员会，主要负责管理；二是国际性事务的执行委员会，是由公司业务主要所在国的代表组成，主要负责国际性事务；三是国际性监管机构，是由公司业务所在国家代表组成，主要负责监管。Touche Ross就是这样一种环境。

曾经花费大量时间与前任执行合伙人一起工作的著名学者彼得·德鲁克（Peter Drucker），在自己的书中称，一些组织的架构太过复杂，以至于领导者们无法实现有效管理。而只要一提到架构太过复杂的组织，首先会想到的当属跨国会计师事务所以及咨询公司。

在这类中小型企业当中，专业人员极度缺乏，同时人员的流动性也较大。那些预期能够成为组织既定发展力量的主力军们，如果他们工作得不愉快，很容易就可以在其他新的组织里找到工作机会。所以，身为中小企业的领导者，高超的人际交往技能非常重要。复杂的管理环境同时也要求领导者们必须通过实际情况和自身经验创立独树一帜的管理方式。

如何对中小型合伙企业科学领导

美国教育管理公司主席、缅因州前任州长约翰·麦克曼说过:“对于领导者而言，领导其他合伙人既是最具挑战性的，同时也是最具回报的。当你的合伙人被你领导时，他已经成为了追随你的人，因为你采取的行动会被其拥护。而这也意味着你要表达出一种愿景：既被所有人拥护和支持，引人注目，同时，你和合伙人之间又是完全信任的关系。当你能够将来自不同部门的团队组建在一起，并为大家想要实现的共同目标努力的时候，这件事自身就是最大的回报。”

那么，身为中小型合伙企业的领导者，哪些管理办法是较为有效的呢?

1. 正确恰当的沟通方式

沟通是领导合伙式企业的关键所在，当然建立领导的个人魅力也是必不可少的。只有持续不断地进行沟通，人们才会知道发生了什么事情。否则当流言四起，五花八门的流言时常传入其他合伙人的耳中时，你只能处于一种防御性的被动地位。

也许新闻报刊报道了公司的发展状况，面临着怎样的问题以及相关的对策，这让所有人相信他们知道公司是正在稳步向前发展的。显而易见，很多具体细节他们并不知情，他们只对最重要的事情了如指掌。但领导层显然不能马虎对待信息，他们必须掌握所有信息，并能够将信息分类，恰当地传达给需要知道它们的人。尤其是对合伙型企业而言，管理层级复杂，更需要通过沟通实现有效合作。

沟通技能是大部分领导者并不缺少的，通常导致他们沟通水平低下的原因是缺少聆听。身为合伙式企业的领导者，你必须懂得聆听合伙人的声音，确保你设定的战略计划和发展方向被他们认同、接受，进而得到他们与之相匹配的持续投入。

当帕尔默被选举为执行合伙人时，年仅37岁的他没有丝毫关于如何管理复杂组织的经验。虽然他接受了公司的前任执行合伙人罗伯特·拜耳的在职培训，但罗伯特·拜耳在帕尔默正式上任前的四个月却突发疾病，无法胜任原有职位。在刚开始的几个星期里，公司一直处于群龙无首的状态，对于如何处理某些事情，很多人打电话询问帕尔默。因为公司有一套可以在执行合伙人不能出任时启用的，任命临时执行合伙人的程序，所以有人甚至开始质疑帕尔默的这次选任是否有效。

在公司处于这种无序、混乱状态的几个星期后，帕尔默下定决心搬到了位于纽约分所的空办公室，而且就在拜耳的旁边。同时，他召开大会，告知全体同事：直到拜耳身体恢复可以回来上班，他都将在纽约办公。同时在这段时间内，他将接受公司的任命，担任执行合伙人一职。尽管帕尔默对自己的言论是否具有法律效力并不确定，但幸运的是，帕尔默的做法并没有遭到任何质疑。

公司终于进入了正常运作。但不久之后，公司就又深陷事关生死存亡的危机中。Tonche Ross 陷入了一场长期未决的债务案件，主要发生在一家西海岸客户和美国共同基金公司之间。若 Tonche Ross 公司被判定为败诉的话，将要赔偿对方 9000 万美元。一旦案子败诉，净值仅有 5000 万美元左右的 Tonche Ross 公司，即使再加上 5000 万美元的职业保险，也几乎陷入破产的危险境地。

而此时的帕尔默才刚刚上任不久。同时，被牵扯进这个案件中的还有美国证券交易委员会（SEC）。甚至在帕尔默刚刚搬进新家——位于康内迪格州格林威治镇的高档小区——不久后，《纽约时报》企业版首页就刊登了帕尔默和SEC首席会计师的照片，并标有“Tonche Ross 被SEC责难”一题，当时帕尔默认为他的新邻居肯定觉得他是某种“白领骗子”。

通过和同事们反复的沟通商议，帕尔默终于找到了解决的方案，不超过5000万美元就成功地解决了这一挑战。

身为一家跨国专业服务机构的领导者，这是帕尔默曾经面临的挑战，而在解决的过程中，聆听合伙人的声音则发挥了至关重要的作用。要知道，帕尔默每年都会接受今后要领导的对象们的秘密表决，因为大家都希望公司的运行模式能够像平等合伙企业一样。但由于组织的结构庞大又复杂，而且不同机构之间毫无财务关联，所以帕尔默并不能决定美国公司之外的其他合伙人的薪酬。而这些无不要求帕尔默必须学会如何更加谨慎地管理公司。

2. 树立诚信

在管理公司的过程中，聆听合伙人的声音固然重要，但同时还需要建立并维持自己的诚信地位，将言出必行、言行一致的气魄展现在合伙人的面前。

你需要对合伙人进行评估，使之能够帮助你执行战略，对于意见相左的问题，找到正确的解决方法；你还需要在众多合伙人当中选择出适合执行战略的人员，进而由持续的沟通、战略进展的评估来逐步树立诚信地位。

罗纳德·丹尼尔，全球知名咨询公司麦肯锡1976—1988年的领导者。他在之前接受媒体专访时，对如何管理麦肯锡这种大型合伙式企业这个问题，回答说：其实并不那么困难，因为他的正直已经得到了同事们的信任。确实，他的说法不无道理。只要你在企业中树立了正直、诚信的良好形象，你就会得到其他合伙人的信任，为了战略的成功，你们能够共同努力、精诚合作。

当然，有效的交流和沟通也有利于赢得信任，并为你个人的诚信打下坚实的基础。要知道，如果你没有取得合伙人的信任，那么无须开始领导，你已经等同于淘汰出局。

你可以通过以下四个方法树立诚信地位：

第一，在需要快速决策或进行某项行动时，展现出自己的实际行动力。

第二，变成一个优秀的推销员，使自己更具说服力，能把自己的策略和想法成功推销给其他合伙人。

第三，懂得分辨领导层中拥有不同目标的同伴，并通过现有条件帮助他们实现目标。

第四，展现出你的魄力与能力，例如放开薪酬权利，让公司更加茁壮成长，并更具竞争实力。

3. 合理安排工作时间

作为一家跨国企业，Tonche Ross 的合伙人各处都有。因此，帕尔默不得不到处发掘可以提供给这些合伙人的东西。然而就在这互相接触合作的过程中，Tonche Ross 建立起了一套可以有效促进各家分支机构成长盈利的体系。与此同时，在经过多次商讨研究后，帕尔默和其他合伙人为各家机构引进了新产品，并相互合作，如在培训及其他需要被提供支持的方面。

但这也意味着帕尔默需要经常出差，因为他必须去和不同的人进行面对面的沟通交流。所以，在 Tonche Ross 公司担任首席执行官一职的 10 年里，帕尔默每年的旅程几乎都超过 20 万英里。

帕尔默经常在周末参加格林威治镇晚宴，在晚宴上他被问到最多的问题就是，这周又到哪里出差了。因为在他们眼里，出差是一件令人兴奋激动的事情，但实际上，帕尔默只是在旅店、办公室以及饭馆、机场之间往返。这种感觉，相信每位领导者都感同身受。

况且，帕尔默还是一位丈夫和四个年幼孩子的父亲，这些无不要求帕尔默学会合理安排和计划时间。例如，帕尔默会选择每年花六周的时间陪伴家人，并且尽量在每个周末回到家中和一家人团聚。至于其余的时间，他几乎全部用于工作。由于客户的原因，哪怕不需要出差，帕尔默也得平均每周参加两次煎熬的晚宴。任职十年，也就意味着他参加过近 1000 次煎熬的晚宴。

任职期间，领导者的时间是非常宝贵的，其必须学会在有限的时间内合理安排繁多的事务，既要保持自己正常愉快的家庭生活，又同时兼顾工作，最大限度地提高工作效率。

4. 重新引导员工

领导者必须具备重新引导员工的实力。如果你缺乏这种实力，正直且拼命工作的员工们的努力就会遭到他人的破坏。反之，他们可以变成一股积极的力量，而不会因为无能只好依赖裙带关系。

帕尔默在刚刚成为执行合伙人的几个月的时间里，就为 Tonche Ross 公司规划了一个愿景：在保持“一家企业”的前提下，使公司成为专业服务的“最佳机构”。

“一家企业”，也就意味着不论是合伙人还是员工都必须按照一个团队的方式进行思考——当面临一个重要决定时，全体成员必须抛开一切障碍通力，保证合作得以顺利进行。

约翰，Tonche Ross 曾经的战略计划领导者，同时也是帕尔默的同事，他说:“拉塞尔·帕尔默提出了令人振奋的口号——‘做到最好’。于是我们开发了定期和新闻报刊沟通公司愿景的‘P 计划’。”

为了使这种愿景能够实现，Tonche Ross 公司不得不另聘人员来从事相应的工作。帕尔默在和一组合伙人共同合作后，得出了一个计划，这个计划不仅有助于将他们与其他竞争对手区别开来，更能够使公司成长为杰出的企业，但相信这对绝大多数合伙人来说是一件困难且痛苦的事情。

最初在美国成立的 Tonche Ross 公司，通过对 50 多家企业进行并购后，成为一家像是由一系列封地拼凑而成的联合体。一些人虽被并购成为公司的合伙人，却任用亲信，并仍然按照自己原来的模式经营。由于这种裙带关系，他们关注的往往不是整个组织，而仅仅是自己的利益。假使 Tonche Ross 继续沿用联合体方式，即唯一共同点仅仅是拥有相同公司名称的方式运作的话，他们绝对无法与当时八大事务所的其他几家相抗衡。因此，帕尔默和其他合伙人的首要任务就是制定出战略，帮助他们冲破这种限制。

1974 年，在帕尔默刚刚担任 Tonche Ross 公司的执行合伙人兼首席执行官时，类似情况时有发生。一次，Tonche Ross 公司的法国分所在运营过程中陷入危机。分所的领导万事皆管，但却不愿意为整合后的新企业做出任何改变，也就是说，他不是一个合格的合伙人。所以，为了公司的发展，帕尔默不得不完成一项艰难的任务——购买他的股份并劝他退休，但因为帕尔默既没有法国公司的控股权，也没有可以直接命令的权力，再加上欧洲的公司密切关注着这一切的发展，使得这项任务的完成难上加难。

然而，帕尔默最终还是从其他国家取得了这家公司 50% 的咨询业务，并凭借这一筹码成功完成任务。这是因为一旦法国公司被拿走这项业务，就会遭遇极大的危机，为了生存下去，法国公司只好接受这一决定。

另外一个麻烦也困扰着刚刚上任的帕尔默。一些公司合伙人本身带有一些不利于工作的问题，例如酗酒严重等。帕尔默只得选择提醒他们，如果不尽快停止这些不利于工作的行为，就会被劝退。

在完成这些工作的过程中，必须把这些问题处理得当。因为这些做法会造成极大的影响，并且领导者往往时刻被人们关注着，一旦行动不利，整个公司就可能会流言四起，造成不利的影响。

5. 制定激励型薪资体系

在提出公司的共同愿景和一系列共同目标后，必须就如何激励员工实现它们进行思考。对于合伙式企业来说，这无疑是一件极度复杂的事情。

在 Tonche Ross 公司，帕尔默通过对薪酬体系的管理，加之其他方法的配合，最终实现了。同时在美国分公司，帕尔默也制订了一个战略计划。在美国，合伙人的薪酬体系是和这个战略计划息息相关的，对于这个计划的内容，帕尔默确保董事会一清二楚，并由执行委员会来实现。

利润、成长、质量、内部合作、与外界的联系，以及员工做出的贡献是薪酬体系制定的六大主要根据。但是在执行的过程中，帕尔默一直不断衡量着这个战略计划与各个领域中相关执行计划的关联，并根据公司当时重点的短期目标和薪酬体系不断进行调整。

保持计划的长期可持续发展，是必须要切记的。

让公司从当时八大事务所中最小最新的机构，至少提升到中间水平是 Tonche Ross 公司的长期计划。虽然一些人对 Tonche Ross 公司是八大事务所之一这一观点一直持否定态度。但这也会起到激励作用，不断鼓励着公司员工做到更好，从而一步步实现这个目标。

在 Tonche Ross 公司已经拥有了 50 个以上被兼并的组织时，一些合伙人对公司所建立的合作标准并不认同，还有一些合伙人标准低于公司对合伙管理这个层面所提出的要求，对此帕尔默通过“提前退休”这一方式，使公司的合伙关系得到大大的加强。

对于当今的四大会计事务所而言说，“提前退休”现象十分普遍，但早在 20 世纪 70 年代，这还是十分罕见的，尤其是短时间内 150 多人的合伙人身份被解除。

帕尔默要求执行委员会的每位成员必须列出他们认为需要“剔除”的合伙人名单，然后进行汇总，根据汇总结果与产生的应剔除的合伙人进行谈话，最终确定将被劝退的人员名单。

通过“提前退休”这一方式，Tonche Ross 公司变得更加强大。

发挥中小型合伙企业的优势

和大企业相比，中小型合伙企业虽然既没有规模，也没有规范的规章制度，但它有其自身的优势和特点。如果可以好好利用这些优势，就可以产生意想不到的结果。

那么，究竟怎样找出这些优势，并使之发扬光大呢？

1. 合伙人多样化

合伙人多样化是 Tonche Ross 公司的优势来源之一。Tonche Ross 公司的员工各式各样，有着很多不同的类型。

虽然现在大多数会计师事务所的新人超过 50% 都是女性，但事实上，直到 20 世纪 70 年代，一些公司才刚刚开始明文规定可以雇用女性。然而自 1946 年 Tonche Ross 公司成立伊始，公司就已经开始雇用女性职员，而且公司很多高级管理职位都是由女性担任，帕尔默的第一位上司也是一位女性。

多元化为公司提供了充沛的人才资源，在公司决议时，他们往往会从不同的角度提出意见，这对于公司发展而言是非常有利的。

2. 员工职业生涯可持续发展

身为一个合格的领导者，你需要帮助员工们制订可持续发展的职业生涯计划，以帮助他们走上领导之路。即使你觉得他们足够优秀，你也需要如此做。然而事实上，引导专业人员走向新方向是极度困难的，其他类型的组织也面临着相同的情况。

20 世纪 70 年代末，计算机被应用于审计工作，开始盛行于 Tonche Ross 的专业领域。为了利用新工具来提高公司的审计效率、降低成本，公司为年轻员工们购买了大量的计算机，同时也提供给他们培训的机会。然而当一段时间后，帕尔默就使用计算机进行审计的人数展开调查时，却发现真正使用的人少之又少。

当帕尔默注意到这种情况并期望找出原因时，他发现，由于他们的合伙人不懂计算机审计，所以他们不希望使用计算机。尽管年轻的职员们希望使用计算机，但是由于高级合伙人的想法，他们不得不继续采用原有的方式进行审计。

为了改变这种状况，帕尔默采取了一个办法。

在年度会议上，当参会的 80 个国内分所的合伙人走进会议室时，他们发现每个人的桌上都赫然摆放着一台笔记本电脑。等他们入座后，帕尔默便开始展示计算机的强大之处，随后，他又让其他人来展示计算机的使用方法。这次年会后，根据每位合伙人的不同要求，帕尔默将计算机分别送到了他们的家里或是办公室。同时，帕尔默也要求他们每个月都给自己写封信，报告其在计算机方面的进步。如果半年之后，他们仍然没有开始使用计算机，那么就要退还计算机。

刚开始，每个人都写信告诉帕尔默正在使用计算机。而事实上，帕尔默也相信他们确实正在使用，只是程度一般而已。但是，一段时间的使用过后，帕尔默再没有收到任何一封告诉自己正在使用计算机的信件，相反他们认为自己在计算机方面已经成为了专家。之后，他们开始将计算机的强大之处告诉其他合伙人，并且赞成将计算机应用于审计。

这就是帕尔默打破计算机使用僵局的全过程。放眼现在，计算机已经成为每项审计业务必不可少的一部分。如今你只要看到四大会计师事务所的员工，就会看到他们随身携带的便携式计算机。如同旧时的计算工具或计算器一样，对于审计而言，今天的计算机已经不可或缺。

3. 面对竞争，扬长避短

面对竞争对手时，千万不要害怕，找出自己的优势所在，并充分发挥，扬长避短，拉开距离。

当时，普华永道和安达信是 Tonche Ross 的主要竞争对手。

虽然安达信经营得相当不错，但是，当你走入世界上任意一家安达信分所时，你所遇到的员工都是相似的，因为他们都采用相同的管理方式。帕尔默记得安达信是这样告诉他们的客户的，他们的美国合伙人遍布在各地不同的分所，对美国的习俗了如指掌，并且经营方式也都遵循美国本土的习惯。

因此 Tonche Ross 利用自己国际型公司的优势，告诉客户们，它们拥有本土化的企业，例如在德国有德国的，在日本有日本的，并且对于当地的商业惯例，它们也都一一精通。

事实上，一些人士确实作为各家不同公司的后备支持力量，在 Tonche Ross 的纽约总部里为本土合伙人提供支持，而这些合伙人又有利于国际市场得到客户们更加广泛的认识。

这种公司国际化战略的优势渐渐显露出来。主要外资企业在美国开展咨询业务是多年以来美国公司业务增长最显著的来源。但是随着业务全球化的发展，20 世纪八九十年代后，Tonche Ross 公司在各个国家，如德国、日本、英国等国的兄弟公司完成了越来越多的国外公司的审计业务。

4. 思维创新，充满热情

相较于其他全球性会计师事务所，Tonche Ross 与它们的文化差异显而易见，乃至外界人士都能够一一指出。

在《八大会计师事务所》(the Big Eight)中，马克·史蒂文(Mark Steven)指出："与Peat Marwick(毕马威的前身)、Coopers(普华永道的前身)、Authur Young(安永的前身)等公司的合伙人相比，Tonche Ross的合伙人是与众不同的。Tonche Ross的人更加随性、轻松和率直，并且公司更加多元化。所有人都认为公司的管理计划不会压迫任何一位Tonche Ross合伙人。所以，当Tonche Ross的本土公司召开独立会议时，无论是傲慢地抽着雪茄的纽约人，还是姿态恭谦的日本人，抑或是价值观保守的得克萨斯人、开怀大笑的中西部人，你都可以看得到。

卡尔·格里芬(Carl Griffin)，帕尔默担任执行合伙人时的董事会主席，回忆道："我们吸引了许多员工，他们年轻、充满活力、喜欢迎接挑战，也不介意利用更少的资源完成任务。虽然相较于其他几家事务所，我们的规模没有那么大，收入也不比它们高，但是我们的员工都极具热忱，他们用自己的行动向其他公司展示出：Tonche Ross公司是最棒的。由于我们和外界竞争的意愿十分强烈，所以当竞争对手逐步减少时，我们会感到异常兴奋。我们希望，自己所拥有的解决问题的新方式能够得到证明。"

回首20世纪70年代初期，当时几乎没有专业服务机构进行广告宣传。而实际上，这种广告也是被禁止的。有一天，苹果公司打电话咨询帕尔默是否可以为它们做一次广告，为期六个月，主要发布在当时的各大商业报刊、电视媒体以及其他渠道。对于当时的业界人士而言，这则广告对他们产生了巨大的冲击力。帕尔默说这次广告是苹果公司的，他们之间没有任何的金钱来往。不同于其他公司的高管们的抱怨，他们公司的年轻职员只是疑惑，他们的执行合伙人为什么不上广告呢？帕尔默就是这样，坚持以创新的方式领导公司不断向前发展。

唐·科蒂斯（Don Curtis），Tonche Ross 咨询部门的领导者，同时也是一位杰出的战略家，他曾说过：Tonche Ross 公司在 20 世纪 70 年代中后期，会在某些方面取得长足的发展，并且自然而然地成为八大事务所之一。

马克·史蒂文在《八大会计师事务所》中写道："作为一家激进型的新公司，Tonche Ross 却被其他竞争对手所憎恨，其原因是 Tonche Ross 具有丰富的想象力和充沛的精力，加之它全面且清晰地把握着自己的现状，没有一味地沉湎于过去，而是更加关注自身未来的发展。这家公司明智且勇敢，不仅专业人员思维创新、合作伙伴睿智聪慧，更对未来的持续发展抱有热切期望……所以 Tonche Ross 在发展的历程中堪称商业界的典范。"

帕尔默所建立的合伙企业很难被模仿，因为其他公司的规模都远远超过 Tonche Ross 公司，所以它们无法以合伙企业的形式进行经营。

5. 领导权威，终极决定

对于当今的大型合伙式组织来说，Tonche Ross 在 20 世纪 70 年代强调的领导方式——诚信和持续沟通等关键要素，至今仍旧适用。然而，大多数组织的问题在于，他们的经营方式并没有根据自身的实际情况来进行调整。结果，人们无法感觉到自己是真正的合伙人，随之就离开公司。

通过帕尔默在 Tonche Ross 的亲身经历，对合伙式组织的一些潜在不足进行讨论之前，不得不提到另一种合伙式组织，即高等教育机构。在这种组织当中，所有专业人士都认为自己是学校领导之一。而这种情况在商学院尤为明显。除此之外，上述体现的经验和教训，几乎可以适用于所有类似的组织。

作为一种理想的培训方式，领导一群合伙人可以让你在领导其他组织时，迅速找到自己最适合的位置。这种培训对各种组织，如协会、标准委员会、政府智囊团、大学董事会等都极具指导意义。这些组织几乎无一不是由那些自我主义并且与整个组织发展的战略目标相左的合伙人所组成。如果你在这种组织当中，都能够取得内部管理上的成功，那么你成功领导其他组织的概率就会大大增加。

但是，身为合伙式企业的领导者，这并不意味着你在任何情况下都得和稀泥或是专制。也有很多机会让你来实践自己的判断，并且将之强加于其他合伙人。例如，在丹尼斯·马尔威希尔的案例上帕尔默所做的一切，因为一些并不为大家所知的事实，可能只有他自己会知道。在其他环境下，譬如，帕尔默在接管 Tonche Ross 不久后公司就陷入法律危机时，此时并没有时间进行争论和商议，只能快速做出决定。

总之，即使你领导着你的同伴，也会有意想不到的情况发生，此时通过商讨来获得统一意见的领导方式可能并不会行之有效，这时，就需要发挥领导者的权威作用：知道手中的管理权力该何时抓紧、何时放松。领导的关键要素就在于从根本上做出你的判断。

管理有效性的核心：根据原则行事

根据原则行事是管理有效性的核心和可行的企业文化本质，它有助于辅助员工高质量地完成任务。而随着营利组织的结构越来越复杂，制定具有约束力的规则变得更加重要。原则是可以教授和学习的，但由于实际情况变化多端，所以相较于运用到具体个案中的特殊原则，理解普遍原则更加简单且更具实际意义。

1. 原则一：指向结果

管理本身就是一门为获得结果而努力的职业。专业管理者的思考和行动全都指向结果。结果主要分为两类：一类致力于人，如选择、发掘、发展和使用人才；另一类致力于资金，如赚取利润和企业支出。

领导水平首先意味着有效率这一事实，这一事实如今已经被复杂的管理模式所掩盖，一些领导者也已将其遗忘。当被问到在公司都做些什么时，80% 的人都会对自己做过的一些实际工作和因此所承受的压力进行描述，只有 20% 的人会告诉你他在公司起到的作用和达成的目标。当然，结果说明一切。相对于“什么不可以”，认真对待目标的人更关注“什么可以”。

虽然经常被误认为是领导风格，但事实上指向结果并不能直接说明执行的方式方法。因为可以通过各种不同的方法取得结果，所以，动力才与指向结果更为相关。

对于动力就是每天给领导者的工作带来乐趣或者额外的刺激这一

说法，马里克并不认同。他认为如果大部分的工作时间都是有趣且能带来满足感的话，人们就会心情更好。太高的期望往往是不切实际的，只有将结果看作是为企业做出的贡献，人们才会得到满足和必要的动力。

所以对于领导者而言，引导员工并与其进行讨论，帮助其对自己的贡献和工作的意义进行充分的认识，是他们最重要的工作之一。而这个工作不仅是结果的一部分，更是有效领导的内容。马里克认为，领导者必须要有勇气认识到，不可放弃的责任就是履行和感知义务，并接受照做。

但对于快乐的工作是来自于高效工作，而非具体事务，具体事务的快乐是次要的这一说法，帕尔默并不认同。他认为，具体事务的快乐既不是次要的也非不现实的。假使不能从工作中得到快乐，那就说明这个人的位置站错了，不适合这个职位。同时，这个位置既不能使他得到更好的发展也不能展示他最好的一面。所以，他感受不到真正的责任与动力，也不会自责于选择了这个枯燥的、不合适的工作。这种资源浪费是万万不可被原谅的。因为对于工作，有潜质的人要求它必须有意义、能够得到满足和实现自我价值，所以这样下去只会导致人才的流失。

当然，工作总有例行公事的部分，所以它不会一直都是快乐的，也不可能方方面面都是令人激动的。如果工作是否令人满意成为了找工作的前提，那这个要求太低了。所谓的“卫生保健因素”是远远不够的。如今，领导者投入那么多时间和精力在工作上，应该得到更多回报。

因此帕尔默反对马里克的观点，对于做自己喜欢的工作就能做得好这一观点，并没有证据可以证明。反而实践证明了，只有在事业中投入足够的激情才能够做到最好。如果单凭爱好和一时的热情，就只能关注具体事务。而一旦一个人厌烦了他的工作，就会找各式借口逃避和拒绝，最终就只能照章行事了。但这对企业的成功没有一点帮助。

这一点，在德国领导水平学院 2004 年的调查中得到证明，其间共有大约 350 名来自各行各业的管理者们（包括男女）接受了关于什么能够激发自己做到最好，以及什么会阻碍自己成功的调查。

如果管理者向员工们挥舞着“必须履行义务”的鞭子的话，那他不会得到员工的尊敬，因为员工们不是任由驱使的骡驴，而是企业的合伙人和共同决策者，这一点在当今尤为如此。所以，帕尔默认为，营造一个员工们愿意在其中工作和生活的企业环境，才是领导的任务。

幸福感研究将人们行为的完全融合状态，即因为完全投身于工作而忘记时间和空间的这种状态，称作“Flow”。在此状态下，人们能够不费力气并且相当出色地完成工作，同时也会得到深层次的内心满足。但“Flow”状态的前提是工作与人们的能力相吻合。而作为一名好的领导者，就应该使员工们置于这样的状态。

幸福感和企业的成功是紧密相连的。当员工们感到幸福时，才会更有效率、更投入，同时也对自己是企业的一员更有感触。而当他们觉得自己并不完全是为了挣薪水而工作，自己所从事的工作比他们本身要更加伟大时，他们工作的“Flow”感就会更加强烈。因此，领导者必须要具有将员工的情感需求置于公司市价和利润之上的远见，而不是只想到挤压员工，督促他们工作。

要想在工作时体验到“Flow”的感觉，必须要有一系列的前提准备：员工们需要既有一定挑战度但又可以达到，同时也具有意义的清晰目标，还需要得到对于其工作的反馈，并保证能够集中精力于工作。除此之外，员工们还要自己制定和执行目标。在此就只对马里克的“工作快乐相斥论”的驳论谈论至此。

2. 原则二：整体贡献

对于自身工作的理解，有效的领导者并不会从自己的职位出发，而是整合自己的工作与知识、能力和经验，并取其合力为整个企业做贡献。对他而言，只有当排名、地位、优待等因素有助于业绩的取得时才是重要的。而这个原则被马里克视为企业行为、整体思维、等级持平和动力持续的前提。

相对于企业和整体的情况，专业人士通常只知道自己的工作及其现实情况。这即使不是最根本的原因，也是导致专家行为在此意义上被误读而产生沟通问题的原因之一。而专家作为现代企业当中最重要的资源之一，必须了解同事及自己在整个企业中的作用，并融合到整体中来。

一个有效的领导者应该像交响乐指挥师指挥独唱者们和谐地合唱一样，使自己的专家们变成整体中的一员，并互相协调。不管是产品还是顾客，利润还是企业，明确而强大的目标导向都会不断地增强其思维和行为。

对于领导者而言，贡献导向相当重要。他们必须时常问自己，在整个企业当中，自己的贡献是什么，并且也要常常问员工："你们对企业做了什么贡献？"同时，由于企业越变越复杂，领导者必须和员工们一起定义贡献的概念，并使他们牢记这个抽象的整体。

被企业需要的动力会受到为了某个整体贡献力量的影响，而这种动力则不依赖于任何刺激或领导的行事方式，因此，马里克认为，最强大且唯一真正的动力源泉就是贡献导向。

3. 原则三：核心工作，集中精力

由于在管理中，分心和分散精力的危险表现最为突出，所以管理非常重要的原则就是集中精力于最重要的事物上。同时开展 10 项工程，但事实上没有一件事的时间是充足的，这种做法就是典型的“行事派”。若依据“没有压力就没有动力”的说法，匆忙和行动主义都是重要且无法取代的。

有效的领导会在一小部分精选出来的重点上集中精力，在少数几个目标上集中能量。马里克说，由于世界的网络化、互动化和全球化，要想达到结果必须要集中。而集中则要求具有自我纪律和懂得优先，这正是一个清晰的组织结构所必要的。然而，在矩形的组织结构中，集中精力于核心工作，那是相当困难甚至是根本不可能的。

之所以强调这一点，是因为它虽然十分重要但却被很多企业所忽视。因为可以集中力量完成只有少数几个相互联系的清晰目标，且它们还会在最底层的微小工序中体现出来，才是目标管理的意义所在，所以当目标太多、太杂时，目标管理也毫无作用。因此，领导者下一年的工作计划最好不要超过半页纸。

相较于手工工作，脑力劳动的生产率非常低。虽然脑力劳动者需要长时间不间断地工作，但实际上，其过程中不断被打扰似乎已经成为了管理者们的一个工作特征。时间是有价资源，但很多人却没有充分地利用它，甚至经常浪费它。“外科医生可以在手术时对着一个刚打开胸腔的患者接听电话吗？”马里克问。存在时间运用上的问题，这说明了对于自己和自己的时间，大多数领导者都缺乏这方面的能力。即使他们可能在一个小时内处理大量事物，但是时间利用效率却不高。一个大问题通常都是始于领导者本身。

4. 原则四：发挥长处

虽然相较于一切从零开始，人们对于运用已有的东西更加得心应手，但是大部分领导者，尤其是人事专家，却不思考如何发挥自己的长处，反而和他们的员工们一起致力于怎样克服短处。

例如，人才的挑选和培训、岗位的设立和职位的分配、业绩的评价和潜力的分析等一切和人有关的事物，都适用于发挥长处这一原则。很多人事制度都会因始终瞄准人的长处而成为多余的存在，这使得人事工作更加精简，成本也更低、更有效。但如果不注意这个原则，则会产生苦心经营的人力资源管理毁于一旦的灾难性后果。

领导者了解员工的长处是发挥其长处的前提。然而相比于优势，人的感知力总是会先发觉到别人的不足和缺陷。即使一个人再无能也总有过人之处，反之亦然，再优秀的人也会有缺点。

有效的领导者应该知道员工们会什么，以及如何安排一个人才会使其发挥出最大的能力。而至于员工们不会什么，由于其在这些方面并不会有所建树，所以领导者并不需要关心。

同样，对于人的短处，管理者只关心如何让其不妨碍长处的发挥。做自己刚好会的事情自然就能够做得最好，所以只要将员工们摆在正确的位置上并委以合适的工作，不需要领导者在后面使劲督促，他们也会表现出最高水平。

量才适用，使人们有机会展示自己的能力并为企业做出贡献才是管理的任务。至于其他的做法，不仅不道德，也不符合经济原则。所以对于试图改变人的个性的做法，马里克强烈反对。值得补充的是，领导者必须要有既能增进业务又能促进员工的发展的双方相互促进的想法。

5. 原则五：互相信任

最终起决定性作用的并不是平时说得最多的如动力、领导风格、企业文化之类的东西，而是互相信任。所以有些领导者的做法即使全然不同于教科书上的说法，却也能够创造很好的企业氛围和经济效益，而有些人尽管做得都对，但就是不成功。领导者若是能够取得周围人对他的信任并保持住，则会处于一个活泼有朝气的领导局面。从而环境会掩盖他的错误，使所有员工都不会马上怀疑其能力和权威。

要想获得员工们的信任，可以参照以下几个简单可行的规律：

第一，员工的错误就是领导者的错误。即使对内一样要批评甚至做出处理，但在对外发言或向上汇报时，领导者的正直都要靠得住。

第二，领导者的错误其自己承担。对于自己的错误，所有领导者都要有承担的勇气。

第三，员工的成功属于他们自己。但遗憾的是，很多领导者都喜欢用下属的想法和成绩装点自己，而这正是信任的“杀手”。

第四，领导者的成功属于整体，或至少属于几个领导者。

要想建立信任，就必须懂得如何倾听和严肃对待员工。这也包括真正的领导者是要完成工作而不是角色扮演。

这里说到了最中心的问题——人性的真实性。

而这也正是该研究的起点和终点。性格的整体性是信任大厦的另一根支柱，它与真实性息息相关，会让员工们感到可信、稳固和可预测。必须要警告的是，切勿在建立信任这件事上要手段。因为毒化信任导致的损失是难以弥补的，所以优秀的领导者必定会马上杜绝这种想法的。

信任并不盲目，而是公平的。信任某人，意味着不仅信任他，同时也清楚自己的信任是否被玷污。而且所有员工都应该知道，如果玷污信任，则不可避免地会产生一定的不良结果。

6. 原则六：凡事往好处想

领导者最重要的任务并不是解决问题，而是发现和利用机会。凡事往好处想这一原则则有利于让领导者看见机遇。此观点正好与帕尔默对成功领导者的看法不谋而合。他认为，成功的领导者必须要在翻车之前及时发现问题并将车扳回正轨，而非在车子翻了之后再指挥如何把车拉出山沟。领导者应该和其他人共同创造新的东西并预测到它们的发展。

这只是要求领导者放弃不可能的事情，集中精力于可能的事情上，而非念经治病或忽视问题。高效率的人懂得如何建设性地思考，面对困难，他客观看待，不会被其所吓倒，反而在思考这其中会有怎样的机遇。他不会等待别人来解救自己，只会努力克服失望和自身的失败，然后鼓起勇气继续前行。

无论情况多么坏，凡事往好处想的原则也会使人做到最好。逆境并不是做得不够甚至不能做的借口。凡事往好处想的能力也不是与生俱来的，但通过后天学习，所有人都能够学会。思想的训练大有用处，它不仅可以对人们的情感和态度，更会对人们对于局势的理解以及行事方式产生影响。而且这种思想训练多种多样，每个人都可以找到最适合他的方式。

第十一章
如何在大型上市公司做领导

如何将投资者、顾问、客户和供应方四方的观点紧密联系在一起是大型上市公司的领导者所面临的严峻挑战。尽管企业家们经常独立做出决策，但是为了能在商业市场中成功经营，协商与妥协是他们必须做出的选择。

案例：对问题企业的成功收购

帕尔默的儿子布拉德（Brad）在 1993 年发现了宾夕法尼亚大学名下即将面临破产的上市公司——科瑞咨询（Career Com）的一个机会。这家公司经营的学校中有 6 家仍有继续运营下去的价值。

然而，这家公司的经营管理严重失衡，当宣告破产、法庭成功收购这些学校后，股东帕尔默才意识到，这家公司的领导者水平是何其低下，才会导致公司如此操控失当。这家公司的总部设在位于哈里斯堡之外的一座城堡，它的楼下放有一个大沙发，供员工在工作之余放松休息，公司还配有一架飞机以及各式各样的汽车。此外，还有一些可疑的交易活动。例如，预算 800 万美元的 IT 部门仅仅有 22 名员工。这说明它在业务经营方面的支出与收入完全不相匹配。

帕尔默集团经研究后决定，仅收购其中 6 家学校。虽然这些学校能够继续经营下去的可能性只有 20%，但是，由于收购价格非常合适，所以这些风险帕尔默集团也愿意一并承担。

实际上，被帕尔默集团收购的 6 家学校也正面临着种种问题：没有人知道这些学校可以维持多久，所以教师流失，学生注册率下降等现象不断发生，而且招生广告已经停止，鉴定机构签发的合格证明也即将撤销。对于这种两年就能获得多项资格，如计算机编程、护士、保健服务等项目的学校而言，这些问题无疑是致命伤。

20 世纪 80 年代，多数中小金融联合会和各种与教育无关的机构涌进教育领域，是一些私立学校陷入危机的原因之一。它们利用聘用这些学校的毕业生可以获得政府补贴这一点，进行了一些极度可疑的活动。其中不乏一些大型上市公司，或许当中的一些机构确实解决了部分人的就业问题，抑或是可能为了让它们的后勤员工在原有的岗位上表现得更加出色，才让他们到这些学校注册学习。即使这些所谓的“学生”常常旷课，政府还是会给学校相应的补贴。当教育部发现这个问题后，这些仅依靠政府补贴收入的学校开始受到重创，并走向下坡路。而当这些学校深陷危机时，由于它们的问题太过牢固，所以没有人愿意收购它们。

杰勒德·弗郎索瓦（Gerard Francois），是帕尔默当时的同事，也曾在永道会计师事务所工作过，现在是帕尔默集团的主要负责人。在帕尔默准备收购这些学校时，他花费很长时间来分析这些职业教育学校的价值。对于这些陷入危机的学校，他是这样描述的：“他们的高级管理者做出了错误的判断。对于任何一家组织来说，只有不断改善产品、提高员工素质和加大营销力度，才能获得持续的成功。然而，这些管理者却将公司的利润用错了地方——用于购买飞机等，他们的股东也只能为此买单。他们就变得愈来愈贪婪。”毫无疑问，绝大多数人都把这种职业教育学校当作一种麻烦的投资。

但是帕尔默的观点却大不相同。仔细分析后，他更加确定这项业务对美国未来的经济发展是极为重要的。分析结果显示，四年制大学每年顺利毕业的学生比例仅仅略高于30%。众所周知，在四年制大学教育机构当中，美国当属最知名的，但是，每年都有几乎60%的学生没有毕业，他们该怎么办？世界上最糟糕的情况也不过如此。所以，如果你在美国的话，继续上大学会成为你成功的途径；但即使你不继续上大学，似乎也没人担心你。就当今世界来说，大约50%的费城工人所掌握的技术都已经过时了。而他们过去所从事的工作早已转移到其他地方，如中国、墨西哥等，所以这些职位在本地早就不复存在了。虽然人们经常会疑问："我为什么找不到工作？"但事实上，问题并不在于没有工作的机会，而是没有人愿意培训他们去从事现有的工作。

帕尔默认为，如果帕尔默集团可以进入这个行业，则可以满足公司的标准——从事一些有意义和有价值的事情，所以帕尔默集团决定收购这6家学校，并创建了人称“美国教育中心”的公司。

一次，在为亚特兰大的一所学校的毕业生做毕业演讲时，帕尔默遇见了该校的学生会主席坎蒂丝（Candice），于是便问她："你为什么到这儿来呢？"她对帕尔默说，自己有段长达15年的婚姻生活，但是最终她的丈夫离开了她。离婚之前，她没有任何工作经历，离婚之后，她必须独立抚养两个孩子，然而她却没有能够挣钱的一技之长。刚开始，她接受了一份书记员的工作，年收入约为12000美元，远远不能满足孩子们成长的需求。所以，为了更好地生存，她同时也到学校注册学习成为一名法律书记员。“等三个月毕业之后，我就会成为一名法律书记员。”她如是说道。帕尔默接着问她：“如果成为一名法律书记员，那可以挣多少钱呢？”“如果在亚特兰大找到一份工作的话，年收入可以超过 40000 美元。但是，我必须和我的孩子们在一起，所以，我与两家本地的律师事务所取得了联系，年收入大概可以有 30000—35000 美元。”坎蒂丝诚实回答道。这样看来，在掌握了自己所期望的技能后，她的收入至少可以提高 3 倍。

随着接触的学生越来越多，帕尔默更加认识到坎蒂丝的案例是十分普遍的。通过学习不同的课程，学生可以在毕业后获得更高的薪水，例如学习先进软件课程的学生在毕业之后起薪就可高达 60000 美元，护士毕业后的年收入可达 35000—40000 美元，学习电视和收音机技术的学生毕业后的年收入约为 50000 美元。而且，学校不仅接纳了高中毕业的学生，同时也接纳已经工作的人员，相较于原有的兼职，学校在两年之后可以为他们提供一份工资是原来 2—3 倍的工作。其中，女性学生占全体的 2/3—3/4，而且她们绝大多数都有孩子，有的还有一份全职的工作。不过，大部分是单身母亲。“我们做了一件好事。”这是当帕尔默注意到这种情况时内心的第一想法。

帕尔默集团也确实在这项事业中实现了意义非凡的目标。随着经营的不断展开，帕尔默集团收购了越来越多的学校，经最后的统计得出，共计 20 家，且所有学校都运营良好，这实属非同寻常，尤其是对于帕尔默集团这样的机构来说。

全面了解企业情况，制订科学战略计划

全面调查和了解企业的情况，制订科学的战略计划，对于大型上市公司的领导者尤为重要。具体来说，企业领导者需要完善以下三大方面。

1. 不惜时间和金钱，找出最合适的首席执行官

在决定收购一家企业之后，最重要的决定就是任命首席执行官。即使领导者自认为具有良好的判断力，但是一个人所做出的判断往往只有一半是正确的。当然，这并不意味着，领导者做出错误的聘任决策会导致灾难的发生，因为这仅仅是和对应的职位不相匹配而已。要知道一些产生了难以置信的影响力的人，实际上，他们并没有那么大的影响力。

在帕尔默集团决定收购学校的初期，没有一个人愿意借钱给他们。然而，帕尔默需要额外的资本，所以他引进了一位合伙人，占这项业务45%的股权。

吉姆·沃尔特（Jim Wallter）就是这位合伙人。1987年，吉姆·沃尔特公司——吉姆自己的家族产业，被他以超过33亿美元的价格出售给了科尔伯特·克拉文斯·罗伯特——精通杠杆收购的金融资本家，因此他也挣了很多钱。

吉姆虽然是一位守旧的生意人，但也是帕尔默愿意合作的对象。帕尔默对他充分了解后，告诉他，“吉姆，我们准备做这个生意，希望你可以成为我们的合伙人。”他答应了。帕尔默接着说，对于何时收购学校，帕尔默集团并不确定，但是，只要他们进行收购，帕尔默会支付总

价款的55%，而其余的45%需要他支付；除此之外，他们并不需要筹借其他资金，除了卖方的债务。他还是同意了。而当帕尔默询问他希望彼此之间达成一种怎样的协议时，吉姆只告诉他说："我没有任何意见，你拟订就好。"

当帕尔默把股东协议送给吉姆，并打电话询问他是否已经阅读过时，却得到"完全没有"这样的回答。因为看人投资正是吉姆的经营哲学所在。作为一名投资人，他非常精明，并且他做出投资决定完全取决于自己对对方是否熟悉、信任和尊重。这样做的结果就是，当今投资者所要担忧的所有问题他都不必担心。他对帕尔默说："对于你的正直，我深信不疑。而任何合同都比不上两个诚实正直的人的合作。"

由此可以看出，选择正确的人进行合作何其重要。对于一些合同上没有明确列出的事项，帕尔默常常会站在吉姆的角度去处理，并且吉姆也相信他。这就是直到2000年1月吉姆去世之前他们一直都是合伙人的重要原因。在吉姆去世后，除了生前告诉过夫人绝对不能出售的股份外，绝大部分留给自己孩子们的股份都被帕尔默回购了。因为吉姆在临终之前告诉过夫人，除非帕尔默退出，否则必须一直持有这笔投资。而根据吉姆的建议，她也挣到了很多钱。

通过这笔生意，帕尔默获得了很好的体验。沃顿有很多不错的教师，虽然那儿也有一些不友善的人存在，但基本上他们都是好人。同样，Tonche Ross的合伙人也都很优秀。身处商业环境之中，会遇到形形色色的人，但妥善安排好那些你信任并且诚实正直的人，才是最重要的。所以，无论你准备涉足哪一种组织都必须谨记：合作双方都要诚实和正直。帕尔默也是在偏离这条原则，和与一些不是这种类型的人的合作当中，遭遇了自己最为糟糕的经历。

在资本方面找到合伙人后，帕尔默还需要在企业经营管理方面找到合适的合伙人。由于第一位聘任人员的不到位，帕尔默又引进了另一位人才，而他也非常有效地转变了这些学校情况。

比尔·布鲁克斯（Bill Brooks），帕尔默集团引进的美国教育中心首席执行官，他曾是斯巴达航空学院的管理人员。在他任职期间，学校的产出能力极大提高，毕业的飞行学员从原来的130名增加到760名，然而他采取的方法却十分简单，只不过是为了让学生在需要飞行时不用停机检修而在半夜进行维护之类的，但这些行动十分有效又具有创新性。所以，帕尔默集团希望布鲁克斯在他们收购的这些职业教育学校当中，也能够带来这种类型的转变，而事实上，他确实也做到了。

好的首席执行官难求，为了找到合适的首席执行官，大量的时间和费用都是必不可少的。同时，在你做出任何聘任决策前，全面深入的背景调查都是必不可少的。这项调查不仅仅是向你提建议的人询问，它的范围应该更加广泛，程度应该更加深入透彻。

2. 具体问题具体分析，决策需符合自身状况

通过这些学校的转型经历，帕尔默懂得了许多企业管理的道理。所有事情都是需要帕尔默做的，因此几乎全部的行政人员都要他一一聘请好。虽然还有一些教师留在学校，但帕尔默必须要选择换掉一些教师，同时采用新的体系。关于经营中各个方面的事情，诸如申请课程的人数、进度，得知申请者的途径，财务信息等，新的体系——在线系统——都会一一告诉他们。这也是这个行业当时最为先进的管理信息系统。

此外，帕尔默还要大范围更换设备。比如说，位于俄亥俄州的辛辛那提的那家学校，它设立在陈旧且随时都有坍塌危险的电气公司大楼当中。因此，帕尔默必须把它搬到牢固的建筑中去，重新建立和监管者之

间的关系，同时还需解雇大部分行政管理人员，因为学校面临如此多问题的原因之一就在于他们惯用的质疑方式。此外，帕尔默还引进了先进于一些大型机构实验室技术水平的新计算机实验室，它们看起来简直就像是太空设施。带着准备永久经营这些组织的信心，帕尔默对这些学校实施了一次从头到脚的“大换血”。

帕尔默刚刚开始收购学校时，由于都是在它们陷入破产危机之时，所以价格十分低廉。然而在他们展开收购行动的 20 世纪 90 年代之际，私立学校盛行，因此，帕尔默只好与其他对手展开了激烈的竞争。

除了第一笔收购业务，帕尔默再也没有在破产环境下购买到任何一家学校。拥有美国 3000 家私立学校所有名单的帕尔默给每一家学校都寄去了信件，并亲自拜访。只要帕尔默发现似乎可以满足他们投资要求的学校时，就会去收购它。随着收购的价格越来越高，帕尔默便和鲍勃·凯斯（Bob Keith）领导的风险基金 TLVenture 开始进行合作。TLVenture 是非常好的伙伴，它们只在投资当中提供资金，经营控制权全部由帕尔默持有。

对于寻找目标收购的学校，具有培训方面的优势一直是帕尔默牢记的关键要点。

就地理因素而言，中西部地区的学校是帕尔默的主要关注点。对于“为什么偏好这个地区”的疑问，帕尔默回答说：“因为我熟悉这里的人。”中西部地区之所以会成为他们的优先选择，就在于那里的大部分人都需要他们所提供的培训，并且那里通常会有针对私立学校的较为优惠的政策。大多数情况下，帕尔默寻找的都是一些已经打算退休或是退出学校领域的小型学校。如同餐饮业一样，这个行业也难以经营，因为你必须经常待在营业地点，还要处理行政事务，同时还有很多行业规则。因此，帕尔默的目标锁定在那些打算出售地理位置良好的学校的人，一般来说，尽管这些人可能并没有亏损，但是经营得也并不那么好。

但是帕尔默及公司有能力应对那样的经营状况。为了增加学生的注册数量，他们派遣新的领导集体，采用引进诸如广告、管理和其他体系等现代化的科技手段，事实上，通过这些手段，学生的注册数量确实增加到原来的 3 倍。例如，帕尔默在印第安纳州韦恩堡收购了一所仅有 77 名学生的学校，新方式实施后，在极短的时间内，学生人数就增加到 750 人。原因就在于他们具备给学生提供良好教育，并使他们获得了较容易就业的能力。所以，不断地收购学校，成为帕尔默成就事业的主要方式。

3. 创新手段，面向市场

为了提高学生注册率，帕尔默还使用了一些创新手段。

例如，在收购的学校中实行每年 12 次开学时间的新政。大多数私立学校和普通大学一样，每年只有 2—3 次的开学时间，所以当有学生想要入学时，他可能得等上 3—4 个月才能迎来机会，但有些人不愿意等那么长的时间。就像一些想要进入职业教育学校的人，他们希望的是一旦想要上学，马上就可以去。为了顺应这类需求，帕尔默设置了每年 12 次开学时间的新政。据帕尔默的了解，当时他们的做法是独一无二的。但是这种方式会打乱教师们的课程安排，所以教师们并不喜欢。为了平衡各方需求，帕尔默只好重新调整课程，但对于那些马上就想上学的学生们来说，这绝对非常适合。

帕尔默还引进了一种计划，被称为“50—50”。

对于全职工作的母亲或是在家带孩子的单身父母而言，每周腾出两到三次到学校上课的时间，是他们最大的问题。为此，帕尔默将每一门课程都分割成课堂学习和在线学习两部分。同时学校还为每个学生提供一台电脑，方便他们可以在工作场所登录网站进行学习。通过这种方式，学生必须到学校上课的时间减少了一半，在满足了学习体验的基础上，大大增加了时间的灵活性。站在内部的角度看，这种“50—50”的计划使学校的教学容量翻倍。由于学生需要进行课堂学习的时间缩短了一半，所以学生数量也增长到以往的两倍，意义十分重大。

当然，在帕尔默的努力下，学校的财政状况也得到了明显的改善。正如布鲁克斯——在回顾刚刚开始为公司工作的时候，说道：“当时我们有 70 万美元的亏损。但现在，我们的经济状况发生了翻天覆地的转变，这一年我们仅亏损 30 万美元。而下一年我们就将获得 25 万美元的盈利。”

不仅如此，满足市场的就业需求，也是帕尔默集团做出的另一个重要变革。

侧重于某个教育领域，如计算机软件或是旅游，是大部分私立学校的传统方式。然而，一旦像现在科技行业慢慢走向衰退，或是像曾经旅游代理行业一般陷入低谷，那么学校的发展就会遭到拖累。因此帕尔默决定侧重于那些市场真正需要的课程。

如果帕尔默集团分析得出市场需要护理人员，那么他们就会将学校的课程侧重于这个新领域。虽然其他领域的培训不会完全削减，但是重点已经发生转变。

所以，即使在旅行代理机构被航空公司大幅削减费用，一步步陷入危机时，仍有很多学校开设旅游课程，但帕尔默已经彻底摆脱这个领域，将所有的旅游课程全部删除。纵然在帕尔默收购的学校当中，这些课程的考核通过率在美国高校中排名 14%，而全国的平均水平仅为 9%，但帕尔默相信，没有人希望成为这个获得工作几率仅有14%的领域的培训人员。

帕尔默的合伙人杰勒德·弗郎索瓦说，正是因为他们有能力提供不同类型的课程，才能够在某类课程需求毫无预见性的枯竭时有效规避风险。“IT、经济和保健是我们的三大主要课程，”他说，“由于2001年春季IT泡沫破裂，这类课程的市场需求下降，但是，保健课程的市场需求却在不断上升。”通过这些战略，公司才能够得以持续发展。

具备风险与收益并存的心理预设

风险与潜在收益并存。人们知道的所有交易，几乎没有一个是不经受风险就会获得巨额回报的，所以大多数情况下，你必须承担和潜在收益相匹配的风险。仔细考虑这一点，并事先想出对策，这对于决策的顺利执行尤为重要。

1. 选择正确的退出时机

帕尔默集团走过了第一个十年，尽管帕尔默收购的学校规模并没有像美国的那些私立学校集团那么大，但绝对也是规模可观的，而帕尔默及其他合伙人的年收入也已经增长了 1000 万，达到 6000 万美元。随着帕尔默集团的经营活动被媒体披露出来，很多人都产生了收购它们的意图，然而帕尔默却告知人们他没有出售的意向。

后来，帕尔默所认为的美国最知名的拥有私立学校的上市集团——美国教育管理公司（EDMC）的人与帕尔默取得了联系，这家公司的创始人鲍勃·科纳特森和该公司的首席执行官，同时也是缅因州的前任州长约翰·麦克曼，亲自到办公室来拜访帕尔默。

他们的目的很简单也很明确：“虽然你现在并不想出售，但是早晚有一天你们会希望退出你们所投资的领域。那何不现在就考虑退出呢？”

虽然当时的帕尔默集团并没有实质性的负债，但是所有的投资款以及其他款项都需要他们来偿还。帕尔默说，如果可以获得超过 1 亿美元的现金，同时，所有的员工仍可以继续留任的话，他们会考虑出售的。

EDMC 欣然同意。

最终，EDMC 以 1.2 亿美元的金额收购了他们的教育产业。对于帕尔默来说，这也是一个巨大的胜利。与此同时，EDMC 也履行了包括以前所有的员工都可以继续留任等所有承诺，而比尔·布鲁克斯，最后也继续担任了教育管理公司的首席运营官一职。

2. 谨慎选择收购的对象

位于西弗吉尼亚塞伦市的塞伦国际大学（Salem International University）是帕尔默及其合伙人这次的收购对象。它拥有大约 700 名在校学生和几百名的线上学生。同时学校的背景还十分复杂，著名的参议员和前任地方长官等知名人物在该校任领导职务。

和其他主要的文科院校相同，早在 10 年前塞伦国际大学就陷入了经营危机。通过购买土地和建筑，安排自己的代表进入理事会等形式，一些国外投资者成功进入这家非营利学校，并且对它进行了有效的控制。在一家日本集团和新加坡机构分别控股共超过 10 年的时间里，塞伦国际大学收到的投资总额超过 3000 万美元。但学校的每月支出大约为 50 万—60 万美元，且濒临破产。由于学校很快就要被迫进入破产程序，所以他们没有太多时间来分析状况，而且，学校迫切需要资金，同时还存在着许多诸如和授权机构、联邦及地方政府以及它们的债权人之间的问题。

这无疑是帕尔默面临的最困难的一次收购。但即使如此，这家学校还是展示出了一些极具吸引力的机会。因为在帕尔默所处的那个时代，网络在线将成为越来越多人选择的教育形式。而塞伦国际大学正好具有最高等级的授信——当地整个区域授权机构的授信；而且它还拥有在线教育系统和研究生计划，例如工商管理硕士和教育硕士等。放眼当时的教育界，这无疑是最强有力的基础。此外，对于教育部将会下发在线教育课程的课堂出勤比例为50%的要求，帕尔默深信不疑，而事实证明的确如此，这些无不提高了学校的收购价值。所以，帕尔默对收购对象的选择必须是有所依据的，他始终是谨慎的。

3. 尽职调查，尽力而为

每做出一个收购决定，帕尔默都会在之前尽可能多地调查。

就像这次收购塞伦国际大学，各项分析都表明，他们正面临着一种高风险、高回报的情形，为了降低风险，帕尔默决定引进风险投资基金。但在达成合作意向之前，帕尔默已经投入了一定的资本，并间接地成为土地和建筑的拥有者。虽然当时他们必须在60天内完成实质性交易，并投入额外的资金，但帕尔默仍然选择继续调查。当然，当时也有其他潜在的购买者存在，只是他们无法做出如此迅速的行动。完成调查后，帕尔默给其他所有者提供了一份关于调查结果的长清单，并且告诉他们，对于土地和建筑，帕尔默集团只能提供50万美元的对价，同时还要豁免学校700万美元的负债。单就建筑28栋、土地500英亩和一所正在运作的学校来看，50万美元确实太过便宜。但是帕尔默预计，仅维修替换建筑这一项成本就需要大约7800万美元。要是学校的运作无效的话，这些建筑就会变得毫无价值，因此，相较于今后必须投入的资本，50万美元仅仅只是冰山一角。为了维持学校的运营，帕尔默集团不得不当即注入500万美元。

之后，帕尔默又与一位曾经多次帮助学校转型、渡过危机的首席执行官取得联系，并询问他是否愿意在找到永久的首席执行官之前管理这家学校。接着，帕尔默努力将这家学校由非营利型机构向营利型机构转型。要做到这一点，必须经由国家批准。由于西弗吉尼亚的经营环境优越，所以事情也得以顺利进展。同时，帕尔默也和各个机构，如教育部及其他联邦机构、授权、信贷以及未来存在购买可能性的机构进行了商谈。

4. 降低成本，展现领导水平

在两年的时间里，被收购的塞伦国际大学一直保持盈亏平衡。虽然原本的所有者提供了3000万美元的经营资金，但是，学校每月仍需要耗费50万—60万美元的流动资金。

为了确保资金稳定，尽管在此之前裁员进行到一定的程度，已经没有太大的裁员空间，但是一些不重要的员工还是被帕尔默裁掉了。同时，所有的水上运动计划和每年都需要花费成千上万的资金来推销骑马中心的计划也被帕尔默停止了。此外，一些土地和历史悠久的建筑也被帕尔默捐赠给了当地的基金会，以此获得巨大的税收减免……

领导水平不仅展现在开疆拓土上，节流同样考验着领导者的能力。哪些项目是值得进行下去的，哪些项目是可以停止的，领导者必须谨慎对待。

5. 吸取错误，认清不足

在新型的风险投资中，企业家都极可能缺乏经验。缺乏经验是企业家面临的极大挑战。下面的例子是帕尔默及其合伙人在成立帕尔默集团时所犯的错误，给大家敲响了警钟。

Trophies是帕尔默集团收购的第一家公司，由于没有进行适当的调查而失败了，但教训却是值得吸取的。

作为当地最悠久也是最著名的制造企业，Trophies的销售额高达数百万美元。但是由于没有进行尽职调查，这家公司的实际情况在帕尔默从梅隆银行借款时才暴露出来。帕尔默几乎想要立即中止投资，但梅隆银行显然也有自己的立场。

当时的梅隆银行正值艰难时期，并且准备清理其贷款资产组合。帕尔默对这些银行家说：“不必担心，我一定会还款给你们的。”但他们却回答说：“这样也可以，不过必须在这些贷款项上签上你的名字。”然而事实上，帕尔默并不需要承担这种个人责任。所以帕尔默告诉他们：“因为你们已经得到了我的承诺，所以我并不想在这些贷款项上签名。但我会在未来偿还你们的。”即使将来会得到全额还款，梅隆银行还是更倾向于帕尔默立即支付60%的款项，以结束这笔贷款。尽管帕尔默并不想这样处理，但他还是很不情愿地同意了。他为自己对Trophies公司财务的不当判断付出了代价。

帕尔默从这次投资的艰难经历中获得了深刻的经验和教训。尽管在Toache Ross，帕尔默看起来已经很像企业家了，但当时他还并不具备企业家的收购意识，对于收购公司也并不是很在行，然而他却懂得了下一次更需谨慎。

之后，帕尔默集团向薪酬管理行业进军。帕尔默告诉一位在这个行业非常成功的朋友，他也打算进军这个领域，并向他请教。朋友告诉帕尔默：之前为自己工作过的两位同仁十分不错，应该可以帮助到他。但在那时，帕尔默出现了一个基本失误：他们合适与否并没有得到其他人的检验。帕尔默认为这些已经为自己的朋友工作10年的同仁一定是非常优秀的。但实际上，帕尔默应该对他们进行进一步的了解才对。

帕尔默集团认真地拟订了一份描述他们事业开展方式、界定其角色为日常经营者的合约。但是帕尔默几乎马上就意识到，在他们眼中，帕尔默集团只有一种用途——资本来源。他们抱有薪酬管理行业的规模会随着所拥有的新用户资金的增多而扩大这一观点。他们最大的希望就是在工作开展过程中得到更多的资金，以便更快地开展业务。至于帕尔默对业务经营方式的意见，特别是有关费用控制和利润增长等方面，他们并不愿意听取。最终，事情陷入了僵持局面。公司总裁一直对帕尔默说由于帕尔默没有做到自己希望他们做的事情，所以他打算辞职。在突破了帕尔默的忍耐极限后，帕尔默同意了，但他又感到不可思议。实际上，帕尔默确实没有必要解雇他，但是由于他威胁要辞职，帕尔默就只好接受了。

后来由于他们想强迫帕尔默把公司卖给他们，所以帕尔默也度过了一段困难时期。他们提出，帕尔默一直都想要踢他们出局，而后从争论发展到进行仲裁。和这家小规模公司只有几百万美元的出售价格相比，仲裁费用高达几十万美元。这可真是一场噩梦，而这个噩梦竟持续了一年以上。最终，帕尔默集团同意出售这家公司。

和不适当的人合作经营，正是这些痛苦经历发生的根本原因。帕尔默从中得到的教训，合作必须是做好充分准备的。只有对他们加入及合作的动机进行过更加深入的了解后，才有助于帕尔默判断他们的目标，分析在困难时期的处理方式，以及注意他们与他们过去的客户、供应商和其他合伙人的关系。换言之，帕尔默必须确保他们与公司的目标一致。

这些教训以及经历是帕尔默之前未曾想到的，他也从中得到了三点经验和教训。

首先，对于将要和你合作经营的人，你必须要进行全面深刻的背景调查。除了对他们给出的资料进行核实外，更要分析从其他渠道获知的评价信息，因为相较于面试时口若悬河的自荐资料，这些更加真实客观。

其次，若要购买打算结束经营的企业，计划自行经营的话，请务必确保获得真实准确的财务数据。

最后，对于你和你的合伙人在企业中的合作安排需多加关注。如果你们建立了一家合伙企业，或是“50—50”制企业，那么虽然你认为你的合伙人非常诚实，但只要下属管理者认为你不过问业务，或者你持股85%，但企业的客户关系管理都由对方控制，就会带来麻烦。有些人希望可以担任领导者，并持有明确授权的股东协议书。如果你有合伙人，那你不可能会关注到所有问题，但早晚都要有人做出决策。如果公司还有两位实力相当的合伙人，那你早晚都会遇到麻烦。

还有一些不足，虽然帕尔默没有亲身遭遇，但那是其他企业家曾遇到过的。汤姆·普立史比（Tom Presby），与帕尔默相识于 Touche Ross，并和多家公司的首席执行官保持共同工作的密切关系。这使得他十分清楚企业领导者容易犯的错误。他认为，挣钱，并不是企业家所犯的第一个错误。对于大多数过低的预计都是可以实现并可超越的这一观点，他们应该非常理解。在他的眼中，推迟获得盈利的时间，才是这些企业家们犯下的最大错误。因为所有优秀的组织都是盈利的。

普立史比经常会遇到一些连自己需要什么都不知道的企业家，由于对经营的某一方面过于关注，导致他们无法注意到其他事务，然后这些事务就消亡了。所以，一名成功的企业领导者必须要拓宽自己的思维，你需要建立的并不是一个仅关注首席执行官本身认为重要的事务的组织，而是一个能关注所有重要方面的组织，因此对于普通员工的想法，你必须理解。

第十二章
如何在非营利性机构做领导

很多非营利性机构的领导者经常会在融资上花费大量时间，这使得非营利机构的领导职责区别于与其他机构。即使是在捐助颇丰、不必进行融资的基金会，最高领导者也必须和一群对于基金会的使命及安排各持己见的管理者们合作。多数情况下，非营利组织的运作依赖于志愿者，但很多志愿者并不认为自己是该机构的雇员，常常我行我素。此外，在某些时候，一些志愿者的想法会有些不切实际。综上这些情况，对于领导者而言，都会使非营利机构的管理变成一项艰难的挑战。

案例：非营利机构的成功融资

学校想要引进优秀的教职员工并增加他们的薪酬，就必须有充足的资金。领导学校的融资项目，是宾夕法尼亚大学沃顿商学院院长帕尔默的主要职责之一。

帕尔默刚加入商学院就召集了融资开发小组进行谈话，从而得知了融资专员们的工作方式不是每个人负责筹集一定的资金，而是到外面去见不同的人，并且让他们接受院长的接见以及融资需求，当然，所有的事情都取决于院长和他们的谈判情况。

对此，帕尔默的观点完全不同。他告诉融资专员，他们每一个人都必须要有自己的目标，并负责筹集一定数量的资金。但是，筹集资金的个人职责，他们从来没有承担过。然后，帕尔默接着补充道："当然，如果你们达到目标，就可以获得一笔数量不小的奖金。"

之后，1/3 的人选择离开这个部门，因为他们不希望用这种新方式进行融资。而帕尔默最后也只保留了 1/3 的员工，并另外招聘了一些。

就这样，设立了融资目标后的帕尔默陆续筹集到大量的资金。同时，他也履行承诺，给那些完成或是超额完成任务的员工支付了奖金。

宾夕法尼亚大学的整个融资中心小组在听到帕尔默给那些完成融资目标的员工支付奖金的消息后非常愤怒。他们质问帕尔默，是谁授权给他的。因为在宾夕法尼亚大学总部同样有很多人在为融资服务，只是他们并没有筹集到足够的资金。他们和沃顿商学院一样，拥有一个发展小组，所以就提议共同合作，并同时向宾夕法尼亚大学和帕尔默汇报工作。

但对于这种体系，帕尔默很早就认识到会是无效的，其原因就在于双方目标完全相悖。

其实，帕尔默和宾夕法尼亚大学的关系不算十分恶劣，只是在这种任务中，他们还不习惯和帕尔默这样的人打交道。所以帕尔默就直接告诉他们，沃顿打算在且支持并帮助宾夕法尼亚大学的利益的前提下，做一些事情。但同样地，他们也必须帮助沃顿实现目标。

在新融资方式开始之前，沃顿每年约筹集 300 万美元的资金。而当 7 年后帕尔默离开时，其融资能力已经达到每年 3000 万美元，现在，更是远远超过这个水平。在帕尔默任职的7年时间里，在每次的教师大会上，帕尔默都会使用早期版本的PPT向大家展示，学校招聘了多少新教师，筹集了多少资金，引进了多少新的学生计划等。此外，还追踪他们的业绩是否与计划匹配。

虽然人人都说教师很难合作，但事实并非如此。沃顿商学院90%的教师都十分优秀且易于合作。帕尔默加入商学院之初，他们仅有一个监督委员会。之后，他们组建了新的委员会，如本科生委员会、研究生委员会、房地产委员会等。这些都有助于沃顿商学院和大量的管理者保持联系，并以各种不同的方式从中受益。

非营利机构领导者的特点

大多数非营利组织都具有较强的凝聚性，但领导者也面临着不同的任务，即平衡和协调支出对象和得到的捐赠物资。因此，相较于其他形式的组织，非营利机构的领导方式具有一些独一无二的特点。

1. 更具价值导向

改善社会服务，重组社会价值，构建更具人文精神的健康社会是非营利组织的宗旨，而为社会改造人、培养合格的公民则是非营利组织领导的核心所在，否则非营利组织不但无法长期筹款运行，也吸引不到高能动性和高效率的知识工作者，至于本身的价值，更是无法真正实现。因此，相较于其他组织，非营利组织的领导者要能够将组织的价值融于管理当中，促进组织的发展。

2. 更有弹性

大多数非营利组织中的工作人员都是不在意薪酬的志愿者。因此，存在于传统营利组织中的经济主导型的心灵契约，在非营利组织中的员工与管理者之间表现得并不强烈，在这种情况下单纯地使用经济杠杆去操控员工的意志是非常不合适的。为此，与企业和政府相比，非营利机构的领导者更需要软技巧，且领导方式要更加弹性化。他们必须特别关心个人，特别是知识工作者的精神需要，使成员获得成长。非营利机构领导方式的弹性化，并不意味着要求的降低，反而是需要更严格、更高效绩的工作，所以说，非营利机构的领导者更要注重管理刚柔并济，而不是只一味地强调以柔带刚。

3. 更具全员化

所谓“全员化”，是指注重激发所有成员的能动性，充分开发每一个成员的领导潜质，从而使领导机能遍及整个组织。对于富有责任感和献身精神、有专长的员工来说，非营利组织更具吸引力，且能够使他们更好地发挥潜能，实现价值。激发领导技能可以促使这些能力较好、更具能动性的员工们，在工作中发挥领导作用，更好地相互影响。

此外，非营利机构的领导者还必须具备一些基本的素质要求，如坚守道德、积极进取、以人为本等，还要担任促进者、评估者、预测者、指导者和最终评估者等角色。

领导技能与非营利环境完美结合

随着业务的不断发展，组织也随之发展。成功的领导者就会发现，他们之前所采用的方式方法，可能已不再适用于转变为成长型企业的公司。帕尔默的朋友汤姆·普立史比指出，只有认识到自己必须进步的领导者，才是最好的企业领导者。

普立史比知道，最开始的时候，首席执行官们其实并不太关注财务，但是，现在由于《萨班斯—奥克斯利法案》(Sarbaned-Oxley)的出现，对于影响财务报表准确性的各个方面，他们都给予了极大的关注。在其他公司，首席执行官虽非常具有企业家思维，但仍不够系统。而所有这些全都说明了，领导并不是静态的活动。身为领导者，思想必须转变，同时还要开发新技能，培养新兴趣。除此之外，为了可以持续建设组织、提高自己能力，他们可能还必须做一些和自身想法相左的事情。

比尔·盖茨在2006年的夏天宣布，他将一步步放开自己在微软的职务，转而更加积极地投身于比尔与梅林达·盖茨基金会的事业，关注全球贫困、饥饿、健康、教育，特别是美国教育体系的不平等问题。这一决定引发了一场不小的轰动。而后，当非常了解盖茨的沃伦·巴菲特宣布，他将给盖茨基金会捐献310亿美元(以1000万股美国伯克希尔·哈撒韦公司股票的形式)时，这一事件变得更加轰动，基金会的资产也因此达600亿美元以上。

虽然大多数企业家没有盖茨或者巴菲特一样的实力，但是近年来，无论是乔治·索罗斯，还是诺贝尔和平奖获得者穆罕默德·尤努斯，他们越来越关注社会问题。所以，非营利组织的领导水平就变得格外重要，而这种独特的组织环境也带给领导者特定的挑战。

向自己及其委托人证明，他们不仅可以建立营利性的公司，更可以为社会做出不同的贡献，是这些领导者大多数的目标。在一些案例中可以发现，如同领导者追求营利的活动一样，非营利组织自身的动力非常强大，同时也为社会做出了巨大的贡献。为了达成目标，领导者必须将自己的领导技能行之有效地运用到非营利环境中。

宾夕法尼亚大学教授约翰·迪里欧说，他经常与一些渴望成为慈善家的企业领导者们进行讨论。他告诉那些领导者们，千万不可丢弃那些在企业环境里的领导技能，因为尽管组织体系和环境不同，但是领导的原则是相同的。

把企业管理技能完美地应用到非营利机构中的典型，当属比尔·盖茨。迪里欧对盖茨的评价是，对那些清楚了解自己想要实现什么的人进行锻炼，对获得可衡量的结果保持关注。而另一个例子则是尼克松总统时期美国财政部的前任秘书威廉·西蒙，他在PAX TV网络的发展中发挥了重要作用。“对于传播非色情、非暴力节目的电视网络是否存在市场，他们进行了询问，”迪里欧说，“如同社会科学家一样，他们进行了一丝不苟的调研，并且从中发现，强烈认同健康电视节目的价值的观众还是存在的。他们在投入之前，完全没有丢弃分析市场需求的观点。”

根据迪里欧的说法，在非营利领域中没有账本底线，所以领导者必须获得可衡量的影响，而且在譬如政府部门这样的非营利领域中，事情的执行过程和实现的成果同等重要，强调了过程的重要性。这就是企业和非营利组织领导的差异所在。而对于这种差异，企业领导者必须在经营环境中加以理解。

企业领导原则的灌输，是近年来非营利组织的显著变革之一。迪里欧认为，企业领导原则在非营利组织的应用结果，体现在关注可衡量结果和高收益的慈善事业上。在非营利领域，达到成功的巅峰，才是他们所关注的。而他们也会向企业领导者寻求领导方面的建议。即使在非营利环境中经营，还是必须具备能够判断自己是否成功的原则。在你考虑经营环境的同时，你还得继续攀登，直到登上成功的山顶。

作为为史密森尼博物院提供融资的负责人，维吉尼亚·克拉克在搬进华盛顿特区之前，一直工作于宾夕法尼亚大学。她认为，非营利领域和学术界之间存在相似之处，但又有差异。她解释道："在学术界，有负责研究的教师，有负责教课的教师，有负责为学生提供服务的教师，还有为他们提供支持的基层职工。而在史密森尼，有负责研究的人员，有负责公众事务的职员，还有为他们提供支持的职员。因此，它们在某些程度上是相似的。"

但是，克拉克又说道："在某些方面，学术机构又不同于像史密森尼这样的非营利组织。学术机构的现金流具有一定的可预测性，因为每年都会有一定数量的学生入学，然后支付学费，最后作为毕业生毕业。而像史密森尼这样的非营利组织的现金流却不可预测，因为公众随时都可能进来。相较于学术机构，即使博物馆通过一些有吸引力的展览来获取收入，也会更加容易受到影响，如天气因素等。"

而这些相似性和不同性无一不是领导水平的重要暗示。"由于非营利组织的现金流具有不可预测性，领导者必须对长远的计划提出更高的要求，"克拉克解释道，"在学术界，你可以被短期的想法所吸引，但在非营利组织，你必须保持一定的原则性，并将长期目标牢记在心。"

根据克拉克的说法，相较于学术界，非营利组织的领导者更需要具有个性魅力和个人特征，则是另一种暗示。这是因为，非营利组织的领导者没有一张强大的安全网，或者说组织中的基础设施并不完备。

史密森尼的领导也同样面临着独特的挑战。国会提供给他们一笔可观的资金，然而他们并不属于其中任何一个支持者的机构。打个比方，假使他们设立在芝加哥，那么将来可能会集合的资源则来自伊利诺伊州的国会代表，但是正因为他们设立在华盛顿的商业中心，所以他们是属于每个人的。面对这种状况，为了可以纯粹地从财务的角度进行讨论，他们必须进行恰当的处理，力求为自己的需求做出最公正客观的财务解决方案。

同时，为了能够得到和他们同一阵线的参议员和国会代表的支持，还要确保，对于这种情形，董事会及其主要捐赠人全部知情。因此，为了使它在感情上更具吸引力，他们不得不将自己定位为类似于“美国博物馆”这样的角色。

总而言之，克拉克说明了在非营利环境中领导者面临的独特挑战，处理包括形成强大的财务实力、使其支持者拥护对应的情形、具备一定的情感吸引力等不确定性的领导水平。无论是在查塔努加（美国田纳西州东南部城市），还是田纳西州，抑或是史密森尼的艺术博物馆，其他非营利组织也都应该遵照这种过程，遵守这些相同的步骤。因为这是非营利组织的通用规则。

第十三章
如何从前锋式领导进化为教练式领导

前锋式领导往往习惯冲在最前方，倾向于命令下属并且常常不自觉地代替下属完成任务。教练式领导则与之不同，他们专注自身责任的同时给予员工充足的成长空间，他们以主导方向取代替员工完成具体工作。教练式领导显然更有利于员工的个人成长，也更有利于企业的发展。

案例：理想中的教练式领导

帕尔默曾主持过一个主题为“如何成为一名高效教练”的培训课程。课上，帕尔默要求他的学生描绘自己心中理想的教练。

参与课程的学生多是位高权重的金融服务顾问，他们的职责就是管理和领导手下的项目团队，团队的客户都是富有的商人。按照帕尔默之前的想法，他们会如此回答：

负责训练运动员或一支运动队伍的人。

在艺术领域如歌唱或表演进行单独教导的人。

向别人提供具体意见或帮助的人。

以上描述其实概括了人们对教练的传统观点——向他人展示怎样在某个特定领域提升自己的水平，并给出相应参考意见。

然而，让帕尔默暗自叫绝的是，这些高层金融服务顾问的答案和帕尔默原本的设想并不一致。

在他们看来，一个理想的教练可以做到：不是简单地指导对方的行为，而是耐心细致地帮助对方发现应该怎样做；是一名优秀的聆听者；使指导对象心绪平和；可以忍受指导对象存在的问题，表现为他们不会妄下结论，而是会诚心帮助对方；积极寻找问题的解决办法，或者帮助指导对象提升自己；对指导对象取得的成绩感到骄傲；鲜少流露负面情绪；乐意与指导对象进行推心置腹的交谈，直到对方解决心结；指导对象心情不佳时，帮助他们重拾信心；关怀指导对象；给指导对象提供“舒适空间”，让指导对象在哪里都可以不加修饰地倾诉自己的想法和感觉等。

学员们对教练开明的态度大大降低了帕尔默的工作难度。这意味着他们已经认可了教练型领导的主要职责以及作用，现在他们需要的只是具体实施的技巧。

教练式领导的特点

教练式领导不仅仅关注员工个人成长，还注重工作绩效，因此备受推崇。但是，情商大师格曼曾得出这样的结论：教练式领导被使用的频率最少，因为许多领导者表示没有时间做教练。这其实是非常遗憾的事，也非常不利于企业的健康发展。

在探讨如何成为教练式领导前，我们需要先来理解合格的教练式领导必须具备哪些特点。

1.“教”与“练”

英特尔公司前首席执行官葛路夫曾说：一个教练应该曾经是个好选手。首先要做一个内行，其次是教授，不仅要教怎么做，还要教为什么。这是做到管理大师彼得·圣吉所提倡的领导者的教师角色——“敦促所有人学习”的唯一方法。

教练式领导，顾名思义，当然还要“练”，也就是要严格训练下属。哈佛商学院教授斯科特·斯努克在中学时代曾接受过著名篮球教练波比·内特的残酷训练，他深有所感地提出：部分技能只有通过不断地重复、训练、习惯才能完整掌握，教练式领导通过重复且要求很高的训练让你变得更好，无论是个人还是领导，或是篮球运动员。

2. 凝聚团队

教练式领导要量体裁衣，发挥每个员工的特长，并使之产生一加一大于二的效果。最重要的是把部门凝聚成一个整体，推动这个团队为了共同目标发挥作用，并且还要学会用胜利来刺激和鼓励员工。橄榄球教练比尔·沃尔什在给经理人授课时强调：无论是在办公室还是在球场上，激励人们的并非慷慨激昂的演讲本身，而是个人体现的能力。擅长激励的著名足球教练金志扬说：一旦教练无法带队赢得胜利，再会鼓动人心也于事无补。

3. 不断追求卓越

教练式领导的最终目的并非是赢得比赛，正如真正伟大的企业家不以利润为目的一样，他们的真正目的是更快、更高、更强。著名田径教练、耐克公司的共同创始人比尔·鲍尔曼认为：他不知道极限为何物。著名橄榄球教练文斯·隆巴迪则常说：人必定可以摘到星星。不断追求卓越是成功领导者的特质，下属会被其精神鼓舞并不自觉地模仿领导者的行为，让自己保持不断向上的态势，整个团队进而呈现出积极的面貌。

4. 学会发问

帮助我们学习教练式领导的重要方法——提问。比如：

为了出色完成任务，你做了哪些准备？

你自己反思，实现这个目标，你还欠缺什么？

不难看出，这两个问题都不是封闭式的，没有隐藏答案，也不是简单的是非题。这类提问有助于员工自发思考。事实上，教练式领导最直接有效的方式就是“以问题解决问题”，也就是领导者通过提出问题启发被教练者的心智模式。在解决问题上，被教练者占据完全的主导位置，教练者只是画龙点睛。

成为教练式领导的训练

教练式领导不仅能让企业发展，还能让员工和企业一同成长，但是成为一名教练并不容易。这需要进行不间断的学习，同时要结合实际工作，对自身进行训练。

1. 选择最佳的指导时机

教练式领导旨在最大程度地挖掘下属的潜力，但是这也并不意味着传统意义上的培训（即传授知识或者技能）就变得一无是处。二者之间是相辅相成的，前者可以让后者更加有的放矢。甚至在特定时间，培训课程可以成为教练式方案的一部分。但是在什么情况下应该采取教练式领导，而在什么情况下又该进行培训呢？

一是以被教练者的需求为依据，有些被教练者希望上司给予他们明确的指示，这时你可以采取传统的培训；而有些被教练者并不希望上司对他们的工作全权教授，这时上司插手反而会引起下属的反感，适当的提点是最好的做法。二是以任务的紧急程度为依据，时间宽裕自然可以为员工自行思考提供足够的空间，但如果时间紧急而员工尚且无法提出有效的方案，那么领导者自然要承担起责任，教授员工如何具体实施方案。另外，迫切需要实现进一步发展的员工相对来说会比较愿意接受教练式指导，对传统的培训存在抵触心理。

2.GROW 模型

当代社会使用的模型或技巧纷繁复杂，五花八门。毫无疑问，

GROW 模型是最好的一种。该模型由乔·慧特莫尔最先引入，它直接地告诉指导对象应该怎么做，或者努力的方向是什么，帮助他们解决问题，找到终极解决方案，或者弥补自己在知识或技能方面的缺陷。

GROW 含义：

目标（Goal）：目前你的目标是什么？

现状（Reality）：现状如何？

选择（Options）：备选方案有哪些？哪个方案才是最合适的？

行动（Will）：如何具体落实？

按照设想，人们从“目标”出发，然后顺风顺水地进展到“行动意志力”。但是在实际操作当中，教练会在前三个环节中循环往复，而非一气呵成。

G：确定指导对象的目标。

教练和指导对象需要进行切实讨论来制定明确实际的目标，并且就这些目标达成一致。

这个目标不是针对指导对象本身所规划制定的长远目标，而仅仅是在进行第一阶段讨论时就可以实现的目标。举例来说，指导对象似乎当下还不清楚自己的长远目标是什么。但是他们却知道自己在哪些方面还存在知识或技能上的不足。因此，教练可以针对这种情况提出问题：“你希望通过这个讨论达到怎样的目的”或者“你希望通过今天的讨论获得什么”。为了实现最终的目标，教练需要与指导对象多次会面，单纯依赖第一阶段的讨论是不够的。

R：核实现状。

教练的目标是帮助对方根据自己和他人的看法进一步了解自己的现状。例如，教练可以提出类似下述问题："现在是什么情况""你在哪方面力所能及，哪方面感到吃力"或者"有其他人发现了这一点并且给予你一些反馈了吗"。

如果指导对象对目前的状况也进行了一定了解，那么就可以告诉他你自己的看法，以便让对方对现状有更加清醒的认识。

O：审视所有备选方案。

在"选择"这个环节，帮助自己的指导对象挖掘出他们所有的备选方案（或者可以实现的备选方案）是教练的目标。

在这个过程中，教练一定不可以过分干预指导对象，也不能将自己心中所设想的最佳方案强加给指导对象，也就是说，教练一定要控制自己干涉的欲望。经验丰富的教练经常说："你要做的是引导对方产生某个观点，而不是告诉对方自己本身受到哪个观点的决定性影响。"引导可以通过有效的提问来实现。提问可以帮助指导对象缩小自己的可选范围，并且最终找到最好的那一个。例如，教练可以这样提问："你可以怎样改变现状"或者"除此之外还有没有别的办法"。

W：培养指导对象的行动意志力。

这一部分的教练需要调动指导对象的积极性，培养他们的行动意志力，以便进一步采取行动。同时，教练需要帮助指导对象明确行动方案，方案要包含具体步骤，规定每个步骤的完成时间，以及明确克服可能出现的困难的途径。

这时候的教练可以提出这样的问题："你接下来该怎样""这个环节应该什么时候进行""其中可能会出现什么问题""你如何确保所有的问

题都不会对实现最终目标产生影响”“你需要什么帮助”等。

3. 使用 GROW 模型会遇到的瓶颈

教练使用 GROW 模型的最大挑战就是：怎样避免自己直接指手画脚、发号施令。一名合格的教练可以做的只有提问、总结及聆听。除非对方在“选择”或“行动意志力”的环节主动征求你的意见，否则，避免主动提出意见。

对于很多领导者来说，克制干涉欲望并不容易，因为在日常工作中，发号施令已成习惯，这和教练过程对他们的要求恰好完全相反。但是，一旦克服了这个困难，在整个指导过程中进行引导而非指导，你就会收获惊喜——指导对象能够自觉地承担起任务。因为他们知道教练仅仅是催化剂，最后任何事情都会落实到他们头上，不能依靠别人。

在开始指导前，教练要问自己这样的问题“我是真心想要帮助指导对象实现自我发展，原因是什么”，从而确定自己的状态是否适合担当教练。为了卓越的成效，以下几点条件也必不可少：教练必须发自内心、诚心诚意地帮助对方；教练必须坚定信念，相信对方孺子可教，而非无药可救；指导对象必须自愿参加这个训导项目。

其中，最重要的是，教练必须坚持对指导对象能够提出解决方案抱有信心，而且相信指导对象可以通过自己的努力独立解决问题。不管自己可以提出多好的方案，也不要将其强加于自己的指导对象。让员工安心地为一个行动方案付出所有努力，总比让他在实施自己的领导所提出的方案中暗地里叫苦更好。

第十四章
提高综合领导水平的黄金法则

无论身居何种类型的机构，或者想成为何种类型的领导者，你都必须具备员工不具备的一些特点和素质。下面介绍的黄金法则有助于提高你的综合领导能力，使你在任何组织中都能游刃有余。

经验沉淀法则

领导水平来自滴水穿石，而非一日之功。突击学习无法习得领导水平，小聪明同样如此，你需要的是慢慢积淀的过程。

1. 领导水平的提升是一个长期的过程

投资股票市场，如果你希望在一天之内赚大钱，那你肯定要面临失败的结果。在培养领导水平方面，同样没有成功的“短线操盘手”。帕尔默的朋友泰格·萧特说：“我们（成功）的秘诀就在于每天的日程表。”从某个人的日程表你能发现什么呢？优先考虑的事情、热情、能力、关系、态度、个人原则、希望和影响。仔细观察一个人每天都在做什么，日复一日做什么，你就能清楚了解他（她）是谁，或将会变成谁。因为积累对于领导水平的提升是非常重要的，持之以恒做的事会决定资本提升的速度和质量。

在讲授领导水平法则时，人们不断询问帕尔默：“领导力是否是天生的？”帕尔默常常如此回答：“当然了……有哪个领导者不是生出来的？否则他们是如何来到这个世界的？”大家都笑了。接着帕尔默开始回答：培养领导力与在股票市场上投资很相似，希望在一天之内赚大钱，你肯定是做不到的。

领导水平集合多种能力，这些能力都是可以后天习得的，也是可以积累提高的。然而，这绝不是短期内可以实现的。领导水平的含义非常复杂，包含着他们的经历、感染力、能力、远见。

正如你所看到的，那些真正发挥作用的因素都是无形的。正因为如此，领导者需要长时间的磨炼才能真正提高效力。同样，帕尔默觉得自己也是到 50 岁以后才逐步洞察了领导水平的本质。

2. 学习是不可间断的

通过对 90 位来自各行各业的杰出领导者的调查，领导水平专家沃伦·本尼斯和伯特·纳努斯领悟到了成长和领导水平的关系：“自我发展，不断提高自身水平的能力就是领导者与被领导者最大的区别。”优秀的领导者往往善于学习。这个学习的过程是不能间断的，需要通过自我约束、坚持不懈才能够真正做到。每一天的目标就是比前一天更好，在前一天的基础上再进步一点。

然而，大多数人过分高估结果的重要性，低估过程的作用，所有人都渴望有一个简便快捷的办法。但是你要知道，一个人积累了 50 年才获得的巨大财富，如何能在 50 分钟后就得到呢？这是根本无法实现的。

领导水平的提升是通过日积月累，而不是一蹴而就，这就是沉淀法则所阐明的道理。本杰明·迪斯雷利坚信：人生成功的秘诀是为机会的到来时刻准备着。不论目标如何，一个人要做好准备，要坚持训练，奋斗不断。

在各个行业，你都能观察到沉淀法则的影响。NBA 的顶级运动员拉里·伯德能成为出色的罚球射手的原因，是他每天去学校前都要练投 500 个球。古希腊的德摩斯梯尼成为伟大的演说家的前提是，他口含石子，面对波涛澎湃的大海练习演讲——就算有天生语言障碍，他也做到了。想要成功，你必须拥有同样的献身精神，成为优秀的领导者就意味着必须每天为之努力。

3. 提升领导水平的几个阶段

领导水平提高的过程是怎样的？由于个体差异，每一个人都有不一样的经历。然而，不论你是否拥有领导天赋，你在领导水平上的进步大概都会经历下面的五个阶段：

第一阶段，不了解自己不了解。

大部分人不清楚领导水平的价值所在，还有一些人以为领导水平只适用于少数人也就是公司高层，他们不知道正是不学习如何练就领导力使他们错过了很多机会。一位大学校长曾经跟帕尔默说，很少有学生报名修读学校的领导水平课程。这是最好的证明。很少有人认为自己能当领导。如果他们知道了领导力意味着影响力，明白大多数人每天都会尝试着影响至少四个人，那么他们想要进一步学习的激情就会被点燃了。不幸的是，如果一个人不了解自己是不了解的，他就不会进步。

第二阶段，知道自己需要知道。

英国前首相本杰明·迪斯雷利曾说过一句至理名言："当意识到自己对一些事情一无所知时，你就向知识迈近了一步。"帕尔默是在 1969 年初次走上领导岗位的时候意识到这一点的。帕尔默一直担任体育队的领队，并且在大学时期就担任学生会的主席，因此帕尔默早就觉得自己是一个领导了。可当帕尔默在日常生活中去尝试领导别人的时候，看到了一个可怕的事实：处于领导的地位与真正地领导他人并不相同。

身为领导者，却发现没有人追随自己。一旦这种情况发生，就要意识到自己是时候学习如何当一个领导者了。这也就理所当然地成为学习过程的起点。

第三阶段，知道自己不知道。

在第一个领导岗位上，帕尔默拼命坚持了好久。说实话，帕尔默依靠的是十足的精力和自己的一点感召力。但是后来他终于意识到，领导水平才是事业成功的关键所在，不提高自己的领导水平，事业永远不会有起色，也就无法实现自己定下的目标。幸运的是，当时的帕尔默与成功动力有限公司的库尔特·坎普密尔共进了一次早餐。饭桌上的库尔特问了一个改变帕尔默一生的问题：“约翰，你的个人发展规划是怎样的？”

帕尔默根本无法回答，只好承认自己确实没有人生规划。当天晚上，帕尔默和妻子玛格丽特一起决定节衣缩食，让帕尔默参加库尔特的学习课程。这是明确向个人成长迈出的第一步。从那天起，直至今天，帕尔默始终都在读书，或去听有关领导水平的讲座。

在偶遇库尔特的前后，帕尔默本来还有其他主意：给自己行业的前10位领导人写信，提出很乐意用100美元（这对于当时的帕尔默来说可不是小数目）交换与他们见面谈话半小时的机会，以便当面向他们请教。于是，接下来的几年，玛格丽特和帕尔默总在那些人所在的地区度假。假设有位身处克利夫兰的优秀领导者答应了帕尔默的请求，那一年帕尔默便会前往克利夫兰与之会面。那些宝贵经验对帕尔默产生的帮助是难以言表的。那些领导者与帕尔默分享的经验是无法在别处学到的。

第四阶段，我知道，我成长，我发现。

一个人一旦认识到自己能力的不足，开始每天训练、提高自己的能力，就会有令人激动的事情发生。

帕尔默曾在丹佛给一群人讲授领导水平课程时，发现人群中有一个特别显眼的19岁青年叫布赖恩。几天时间里，帕尔默发现他非常认真地做笔记，并且积极与身边的人交流。课间的时候，帕尔默也和他有几次交流。当讲到沉淀法则时，帕尔默让布赖恩起立与他对话，并希望在座的人都会认真倾听。

"布赖恩，我没有停止观察你。"帕尔默说，"你如饥似渴的学习态度让我印象深刻。我渴望告诉你一个能改变你一生的秘诀。"所有听众似乎都把身子向前探了探。

"我毫不怀疑，大约20年之后，你会成为了不起的领导者。我想要告诫你的是，不要停止学习领导技能。保持读书、听录音，不要放弃参加研讨会。当你看到一句至理名言或者是含义深刻的引语，记下来，有一天你会用到它。"

"这确实很艰难。"帕尔默说，"然而5年之后，随着你的影响力逐渐增大，你很快就可以看到自己的进步；10年后，你将具有提高领导效率的能力；20年后，那时的你只有39岁，如果可以做到坚持学习，不断进步，那时候很可能会有人让你教他们如何提高自己的领导能力。有些人可能会对此深感惊奇。他们会看着对方，发出'他怎么忽然变得这么精明能干了'的赞叹。"

"布赖恩，"帕尔默总结说，"你当然可以成为杰出的领导者，但是这不是一下子就可以做到的事情。现在就开始坚持不懈的努力吧。"这个建议对布赖恩有用，对于每一个人都同样适用。从今天开始不断锻炼自己的领导能力，总有一天你会体会到沉淀法则的作用。

第五阶段，因为我知道。

经过第四阶段，你的领导水平已经有了非常明显的提升，但你还是要仔细考虑自己的每一个决定。然而，到了第五阶段，你的领导决策已经变成了下意识的行为。你的直觉高度发达，这就是沉淀法则的惊人之处。在这一阶段，你会成为自信与实力兼备的专家，但你仍需要保持对人对事谦虚谨慎的态度。愈加谦虚与勤奋的态度会让你保持最佳的状态。

倍增法则

很多人认为领导地位意味着成功，他们想要在这条路上走得越来越远，爬得更高，爬上自己能力可以达到的最高位。但是，不同于这种陈旧观念，帕尔默认为领导水平的底线不是自己走多远，而在于能够帮助他人走多远。要做到这一点的秘诀是领导者具备服务他人、提升他人价值的意识。

零售业专家们极其关注好事多联合创始人辛内加尔的成功模式：有限的商品种类；薄利多销；没有广告宣传。但是，有一个极大的区别因素将他与其他采用类似策略的商家区别开来——对员工的态度。他认为，给员工提供优厚的工资待遇和良好的福利是理所当然的。

“好事多”的员工工资高出其竞争者将近42%，辛内加尔坚信，对员工好意味着你将拥有高素质的员工和较高的生产力，与此同时还有员工的一片忠心。到目前为止，“好事多”的员工流动率在零售行业始终是最低的。

然而，辛内加尔提升员工价值的领导风格并不限于此。他竭尽全力关怀着“好事多”的雇员们。他对每一个人都真诚坦率。他和所有人一样戴着员工名牌，与每个人直接以名字相称。每一年，他都至少去一次各地的每一家“好事多”店铺。

服务他人，增值他人，这不仅仅有益于那些享受服务的人，同时，领导者也可以从中得到以下好处：

实现对他人的领导；

拥有正确的领导动机；

拥有领导者实施重大举措的能力；

带领团队获得发展。

对领导者而言，最高的职位并不意味着最好，最好的位子是一个他（她）能够尽力服务、尽力为他人增值的地方。

那么，如何为他人增值呢？下列三条基本方针，每一个真正想要实践倍增法则的人都可以试试。

1. 真正意识到重视他人的同时，就增加了他人的价值

戴利尔·哈特利—里昂纳多从凯悦酒店集团退位之后，出任国际生产集团的执行总裁。他说：“当一个人升职到领导岗位后，他（她）就自动放弃了辱骂别人的权利。”帕尔默对此深信不已。但那只是优秀领导水平的第一步。

杰出的领导者不仅不会伤害别人，而且会有意识地为他人提供帮助。为了真正做到这一点，领导者必须做到重视他人，向下属表达自己的关心并且让他们感受到这种关心。

多年来，丹·瑞兰一直是帕尔默的得力助手。毫无疑问，他是一个出色的领导者，他非常重视部下。但他刚开始为帕尔默工作的时候，这一点被隐藏了。有一天，帕尔默正在大厅和几个人聊天，刚刚上任的丹进来了，手里夹着公文包。丹从帕尔默身旁走过，沉默着直接穿过大厅，向自己的办公室走去。帕尔默却认为不妥，作为领导者，怎么能够与同事擦肩而过却不打招呼？帕尔默很快从原来的谈话中抽身出来，跟着丹

来到他的办公室。

“丹，”招呼之后，帕尔默问他，“为什么与大家擦肩而过的时候一言不发呢？”

“因为我今天有很多任务，”丹回答说，“我真的很想尽快开始。”

“你刚才恰恰错过了自己的工作。”帕尔默说，“别忘了，领导力无法与人脱离。”

丹有关怀，而且想要成为服务别人的领导，但那时他隐藏了。那些服务他人、为他人增值的领导者，在赢得别人信任之前会交付自己的信任，在享受别人服务之前会先服务他人。

2. 使自己成为更加令人钦佩的人，你就增加了他人的价值

要为他人增值，条件是你确实要有一些价值能够给他们。你不能承诺给出一些你所不具备、不能提供的东西。那么，究竟你有什么可以给予别人的？技能、机会还是经验？

任何东西的获得都是有代价的：技能，是通过学习和训练学来的；机会，是通过辛勤工作换来的；智慧，是通过有意识地总结自己的经验得到的。带有目的性地成长，也就意味着你所能提供的就越多。越是不停步地追求个人成长，你就越能不停地提供给他人价值。

3. 了解到别人重视什么并且在为之努力时，你就做到了为他人增值

管理顾问南茜·K. 奥斯汀说，她曾有一次住在自己最喜欢的酒店，不经意扫视到自己的床底下，发现那里有一张卡片，卡片上有一行字：“没错，我们连这里都打扫干净了！”酒店的大厅已经在她记忆里模糊，枝形吊灯和地上铺着的大理石也模糊了，而她单单记得那张卡片。酒店内务管理人员已经预想到了对她来说比较重要的东西，这就是成功了。

主动提供顾客希望能够享受到的服务，就是良好的顾客服务。作为

领导者，我们却很难主动想到去提供这样的服务。而这恰恰是为他人增值的关键。为此，领导者需要通过倾听知道员工重视并且为之努力的东西是什么。

缺乏经验的领导者常常在了解他们的下属之前就急于开始，而成熟的领导者会先倾听、了解，然后再正式开始。他们会用心聆听下属的故事，了解他们的梦想，甚至关注他们的思想感情。然后，根据所掌握的情况去制订工作计划，为员工增值。

尊重他人法则

哈莉特·塔布曼（Harriet Tubman）是一位钢铁般的领袖，她曾深入禁区，带领许多人逃离奴隶制的剥削，年仅 30 岁，就被大家称为“摩西祖母”。

一开始，哈莉特·塔布曼也是奴隶。她生于 1822 年，在马里兰州的农场长大。13 岁时，她在一家商店打工，一个白人监工要她帮忙殴打一名逃跑的奴隶。她勇敢地拒绝了，并且拦住了监工，这个心狠手辣的男人就拿了一个两磅的秤砣打她的头。她的头部受到重创，几近死亡，几个月后才恢复过来，而由此带来的病痛持续折磨了她一生。

24 岁的时候，她嫁给了一个自由的黑人。但当她建议说要逃到北方时，她的丈夫拒绝了。他说如果她想要逃出去，他就立马告发。1849 年，塔布曼下定决心要碰碰运气，她单独行动了，从头至尾对丈夫只字未提。她的第一个传记撰写人莎拉·布拉德福说，塔布曼这样描述：“我在脑子里这样设想着：我只能在自由或者死亡中选一个。这是一个非此即彼的选择，因为没有人能够活捉我。只要活着，我就要为自由而战。当我该离开时，上帝自然会派人来带走我。”

通过“地下铁道”—— 一个由帮助奴隶逃跑的自由黑人、白人废奴主义者和贵格会教徒们组成的秘密组织，塔布曼来到了宾夕法尼亚州的费城。变成自由之身的她发誓要回到马里兰州营救她的亲人们。1850 年，那是她的第一次回程，她成为一名“地下铁道”的“列车员”——

在沿路支持者的帮助下，营救并且带领那些悲惨的奴隶拥抱自由。

此后，每年夏季和冬季，塔布曼通过做佣人赚钱，积攒回去的费用。而到了春季和秋季，她冒着生命危险回到南方，带回更多的人。她根本不害怕，没有什么可以动摇她的信心。她的工作并不安全，当她带领的人们开始动摇或者心生异想时，她始终如钢铁般坚定。她知道，逃跑的奴隶回去以后面对的就是严刑拷打，直到他们说出那个帮助他们逃跑的人的名字，因此她强迫自己带领的人不能放弃。“死人是不会告密的，”她会用一把上了膛的手枪指着某个胆小的奴隶的脑袋说，“继续前进或者死。”

在 1850—1860 年，短短 10 年间，哈里特·塔布曼解救了 300 多人，很多是她的亲人。她一共往返了 19 趟，而让她分外自豪的是，没有一个人被落下。“我从不会让火车出轨，”她说，“也不会丢下乘客。”一直到美国内战开始前，她解救的奴隶比美国历史上任何人解救的都要多。

塔布曼的名气和影响力不仅为她获得了渴望自由的奴隶们的尊敬，那些北方影响力较大的白人和黑人也都来找她。她在很多地方发表演讲，一路从宾夕法尼亚州的费城、马萨诸塞州的波士顿、加拿大的圣·卡芙莲到纽约州的奥本——她最终定居的地方。不少有名望的人也前来拜访，比如威廉·苏厄德议员——后来他成了亚伯拉罕·林肯的国务卿，还有坦率直言的废奴主义者——原本当过奴隶的弗雷德里克·道格拉斯。约翰·布朗——著名的改革派废奴主义者，也来寻求塔布曼的建议和领导。布朗称她为“塔布曼将军”，他还说她“比他眼里的大多数军官更优秀，她能够成功带领军队，就像带领她的一小队逃亡者一样”。

哈里特·塔布曼看似无法成为领导者，因为所有条件对她都是不利的：没有受过教育；没有良好出身；没有好的文化环境；而且，在她奋斗一生的国家里，妇女尚且没有选举权。尽管不利之处很多，她最终仍成为了令人无法忽略的领导者。那么，到底是什么使一个人尊敬并且服从于另一个人？是由于领导者的高洁品质，是因为他们一同参与的过程，还是环境条件在发挥作用？下面，我们将对这其中的关键要素一一作出说明。

1. 实力

人们会选择比自己强的人来领导自己。与哈里特·塔布曼打交道的人无不感受到她强大的领导力，继而不由自主地追随她。

2. 勇气

美国前国务卿亨利·基辛格有这样一句名言："作为领导者，除非他愿意偶尔单打独斗，否则就是名不副实的。"一个了不起的领导者坚持做正确的事，也许会有人反对，但是即使是冒着失败的风险，还有批评和巨大的压力，也会毫不动摇。领导者的勇气有着巨大价值——它赋予追随者希望。

3. 成功

人们会自然而然地被成功的光环吸引。这也是人们对成功人士的生活关注度如此之高的原因之一。对于领导者来说，成功当然更加重要。千言万语都比不上一张优秀的成绩单直接有效。当领导者在自己的领域赢得成功时，人们会不由自主地尊敬他们。当他们成功地引领队伍获得胜利时，追随者们很容易倾向于相信他们能够再次成功。

4. 忠诚

这是一个自由选择的时代。职业运动员从一个俱乐部转会，寻找着最值钱的交易；首席执行官们开会商讨如何达成巨额的金融交易，但当问题浮现时，他们会迅速放弃讨论的计划。有消息称，到 36 岁时，中等熟练程度的工人平均每人换了 10 次工作。

在一个不乏巨大变迁的文化环境里，忠诚成为一种了不起的资本。当领导者始终保持着与团队共进退的姿态，直至完成任务；当领导者在情况恶化时仍然不改变对组织的忠诚；当领导者始终照顾着追随者，即便自己会受到伤害，也确保不损伤追随者的利益时，追随者便会随之尊敬他们以及他们付出的一切。

5. 为他人增加价值

领导者赢得尊敬的最大来源是——为他人增值。这点已经在倍增法则中做过阐释，此处不再赘述。追随者尊重那些为自己增值的领导者，而且他们对领导者的尊敬即使在领导关系结束之后仍将持续很长时间。

行动机遇法则

优秀的领导者非常了解，行动的时机与方法同样重要。良好的领导时机需要很多条件：

认识：领导者必须对局势有清醒的认识。

成熟：领导者的动机过于幼稚，就不是良好的时机。

信心：人们往往追随自信自立的领导者。

果断：优柔寡断的领导者也就意味着优柔寡断的下属。

经验：如果领导者缺乏经验，那么他们需要另外一些有经验的人弥补缺陷。

直觉：时机通常是由一些抽象的东西决定的，比如动势和士气。

准备：在不合适的情况下领导者必须创造条件。

通常，行动的结果大致有以下四种：

1. 在错误的时机采取错误的行动就意味着一场灾难

一位领导者如果错误地估算了时机，行动也错了，负面结果会随之而来。在“卡特里娜”飓风即将登陆新奥尔良的时候，情况就是如此。市长纳金低下的领导水平导致他在错误的时机采取了错误的行动：首先，他没有立刻下达强制撤离令，而是停滞在原地等待，等到他发传真给当地教会请求他们帮助撤离群众时，早已错过了最佳时间，收传真的人都已经离开。其次，他选择了一个糟糕的避难所，忘记了为避难者提供物资，而且也没有准备充足的交通工具。接连不断的错误最终导致了灾难的恶化。

虽然不是所有领导者的决定都像纳金市长这样，但领导者仍然需要把握行动机遇法则。在错误的时机采取了错误的行动，对谁都是一场灾难。

2. 时机错了，行动正确，结果是抵制

一位优秀的领导者只知道团队发展的目标及步骤是远远不够的。正确的行动出现在错误的时机，你仍然离成功很远，因为下属们会抵制你的领导。

帕尔默为此经历过惨痛的教训。20 世纪 80 年代，帕尔默尝试在当时管理的“天空线”教会开始小组化建设。在设想中，这本是正确的，却以惨败收场。错在哪里呢？就是时机。当时，这一领域缺乏经验丰富的领导者，只能摸着石头过河。更重要的是，教会自身也没有为此做好充足的准备，他们没有意识到小组化建设是否可以成功是由培养的小组长人数决定的。

在接下来几年里，帕尔默尝试正式运营这个系统，但都以失败告终。六年后，他们终结了原来的系统，重新培养了领导者之后再度推动小组化建设，这次终于成功。

3. 在正确的时机采取错误的行动，结果还是不对

人们总认为企业家自然而然具备时机意识，他们的直觉会告诉他们什么时候该采取行动。然而，往往在那些重要关头，他们可能会采取错误的行动。

帕尔默的哥哥拉里同样是位出色的商人，在商业领域，一直是他在

教授帕尔默。拉里说，企业家或其他从事商业的人犯的最大的错误，就是不知道选择正确的时机减少损失和增加投资，使利润最大化。这样的错误说到底还是他们在正确的时机采取了错误的行动。

在这方面，帕尔默也有过一次教训：由于同事们都知道帕尔默擅长沟通，很长一段时间内，他们都试着说服帕尔默把精力投入到广播节目里。然而，帕尔默一直抵制这个建议。一直到了20世纪90年代中期，帕尔默发觉人们很需要以成长为导向的节目。因此，他们制作了一个名叫《今日成长》的广播节目。然而，问题出现了：节目的模式有问题。帕尔默希望通过把资料出售给听众来维持收支平衡甚至盈利，而不是像别的商业节目一样，只是依赖赞助维持。结果帕尔默发现这是一项错误的决定，这一类节目根本做不到这一点。他们选对了时机，但想法和行动却错了。机遇法则再次显示出它的威力。

4. 在正确的时机采取正确的行动，结果才是成功

温斯顿·丘吉尔正是依靠运用行动机遇法则最终成为了伟大领袖，他的人生生动地说明了领导者在正确的时机采取正确的行动的后果，以及相应的满足感。他说，每个人的生命中都会有那火花一闪的一刻，在这一刻他即将破茧而出。如果把握住了这个特别的时机，他就能将一生推向高峰，这使命乃造物主单独为他而设定的。这时候的他明白了什么事伟大，而这也是他一生中最美的巅峰时刻。没有领导者不渴望经历这一美妙时刻。当正确的时机配上正确的行动，令人振奋的结果就会出现。

镜像法则

伟大的领导者似乎一直都表现出两种看起来截然不同的特质——对组织有深切美好的愿景，但行动又非常切合实际。

伟大的思想使他们看得更长远，他们可以预见一些将要发生的事，处理掉那些必须要做的事。正如作家汉斯·芬左所说的:“领导者也就是一个梦想家。你的水平越高，你的工作就越多是关于预见未来的事情。”与此同时，他们清楚地知道没有付诸行动的想法是纸上谈兵。他们承担起责任，带领下属一起行动。这个过程是艰难的，因为下属通常做不到领导者那样具有预见性，他们也没有统揽大局的观念，不理解什么对团队才是最有利的。

那么，领导者可以做些什么来缩小他们与下属之间在深度上的差距呢？当然，沟通是不可或缺的。优秀的领导者必须要清楚而又创新地表达他们的愿景，有效的沟通清晰了原来模糊的镜像。但仅仅这些还是不够的，更重要的是，领导者必须通过自身行为把愿景变成现实。

领导者就像一面镜子，他们如何示范，下属就会如何行动。优秀的领导者对此十分了解，他们一直都在努力为下属做好示范，下属们则向他们学习如何做事，只是有的人比领导者做得更好，有的人则不如他们。总体而言，领导者越出色，他的下属就做得越好。特别在充满不确定性的情况下，领导者更要完美地完成任务。

杰出的领导者、交流者安迪·史坦利曾经在领导人催化剂作用研讨会上，对此做出说明："出现无法确定的情况并不表示领导水平弱。相反，这种情况反而体现出领导者的重要作用。如果我是一位优秀的领导者，我就应该很明白在不确定的情况下该做什么。责任意味着要处理越来越多看不到的事情，以及更多复杂的不确定性。领导者可以处理不确定的事情，但是他们不能让镜像不清晰。否则，人们不会跟着他们走。"

困难出现的时候，由于不确定性增加，人人开始都很慌乱，这时下属们最需要从他们的领导者那里得到一幅清晰的镜像。生动清晰的镜像，会为他们带来继续向前的能量、激情和动力。